DE

L'ÉTAT ACTUEL

DES AFFAIRES.

IMPRIMERIE DE H. FOURNIER,

RUE DE SEINE, N° 14.

DE
L'ÉTAT ACTUEL
DES AFFAIRES,

Par M. le baron D'ECKSTEIN.

Extrait du Catholique, N° de décembre 1827.

PARIS,

A SAUTELET ET Cie, LIBRAIRES,

PLACE DE LA BOURSE.

Janvier 1828.

DE

L'ÉTAT ACTUEL

DES AFFAIRES.

AVANT-PROPOS.

Il faut ou lire ces pages jusqu'à la fin , ou ne pas commencer de les lire. Pour l'écrivain consciencieux rien n'est plus cruel que les emprunts qu'on lui fait pour servir telle passion, tel intérêt. Qui parcourra superficiellement ce qui suit, y trouvera de tout : ministérialisme , et anti-ministérialisme ; opposition , haine de l'opposition. Je serai, si l'on me comprend mal, homme du centre , de la gauche, de la droite.

Je ne suis rien de tout cela, le besoin de caresser les partis m'est étranger. Un seul besoin me domine : la vérité. Elle vit d'indépendance. En la forçant de transiger avec les considérations spéciales, la condamnerons-nous aux galères? Quel esclave ne devient menteur sous le fouet?

1

Les coteries jettent sur leurs adeptes un faux lustre qui n'a rien de commun avec cette vive et pure lumière où se meut la vérité, salamandre impérissable, dont l'élément est l'indépendance. Dans le choc des passions, cette flamme s'éteint; elle s'allume d'elle-même, elle se puise dans son propre sein. Que la vérité soit libre, libre jusqu'au cynisme. Sans doute elle n'est pas *bonne compagnie :* elle n'est indigène ni des boudoirs, ni des carrefours. Haïe des courtisans de salons, elle est étrangère aux adulateurs des halles. Laissez-lui son tonneau de Diogène, où elle gît délaissée. Si le grand Alexandre vient à passer : Ote-toi de mon soleil, lui dira-t-elle !

Ici l'on verra une doctrine se modifier par une autre, une considération se balancer par une autre. Il n'y a pas scepticisme cependant. Au-dessus des systèmes domine le catholicisme, croyance chère à son adorateur ardent, et qu'il continue d'embrasser avec une foi bien sincère, puisque, de l'aveu de ses ennemis, elle paralyse en quelque sorte les moyens de popularité qu'il lui serait facile d'obtenir.

CHAPITRE I.

Du ministère de la restauration.

Depuis l'établissement de la charte, le ministère compose un tout indivisible, où domine l'action d'un chef de cabinet, sans que l'indépendance de chacun de ses collègues en soit lésée dans le département qui leur est confié. Ce n'est plus ce haut conseil de la monarchie d'ancien régime, où le prince, ame de son gouvernement, pouvait faillir, puisqu'il exerçait sur les affaires une directe influence. Aujourd'hui le roi ne peut mal faire. Dans la région élevée où on le place, il ressemble à ce dieu inconnu, dieu sans nom, qui planait aux sommités de l'Olympe antique, mais pour lequel ne s'allumait point le feu du sacrifice, et qui n'avait ni culte ni autels.

Elevé en face du monarque, le peuple ne peut faillir non plus. Il députe au roi, c'est-à-dire à son conseil, la chambre de ses représentans, qui doit s'entendre avec lui. Les deux bataillons sont en présence, et le double feu roulant de la presse les entame des deux côtés. Gare aux ministres ! Gare à la chambre ! Ici, se tiennent les écrivains libéraux, là, les écrivains mo-

narchiques : organes de la double opinion publique,
qui défend le trône et la liberté. Mais lorsque, écartant
le nuage qui le couvre, le prince casse la chambre ou
renvoie le ministère, tout s'apaise; les flots se calment;
c'est le trident de Neptune imposant silence à la tem-
pête. Le peuple se déclare par les élections, dont le
résultat détermine toujours le personnel du gouvernement. C'est là le jugement en dernière instance. Mais
si l'on excepte ces grandes occasions, les chambres et
le ministère sont les seuls combattans. D'une part
pleuvent les sinécures, d'une autre les libelles.

On n'est ministre que pour recevoir des injures,
compensées par la servilité des dévouemens. Chez les
anciens, lorsque les initiés traversaient le pont d'Eleu-
sis pour célébrer les mystères, la vieille Baubo les attendait au passage. Sa voix glapissante et criarde devenait forte et terrible. Elle prodiguait les invectives,
et si elle eût pu arracher les pierres de la route, elle
eût lapidé les Athéniens; peu s'en fallait qu'elle ne
souillât de boue les vêtemens qu'ils portaient. Ce n'est
point à la sorcière, c'est aux tribulations de la presse
que les initiés du pouvoir sont en butte aujourd'hui.
Pas un pygmée qui ne se guinde sur ses échasses pour
les voir de plus près, et leur dire leur fait. A de
bonnes vérités se mêlent de gros mensonges. Les favoris de Plutus baissent la tête et passent outre, avec
douceur et patience. Mais ils invoquent la censure. La
place se nettoie, et la troupe avide sollicite sans re-
mords la distribution des faveurs.

Ecoutez les deux partis; l'un se vante d'avoir la ma-

'orité, le grand nombre, l'opinion présente. L'autre
s'appuie sur la sagesse, sur la minorité, sur l'avenir.
Aujourd'hui, tel grand personnage penche le col sous
le tranchant meurtrier de la satire. Demain il prend
sa revanche. La multitude est foulée aux pieds. C'est
à qui arrachera un lambeau de pouvoir pour en cou-
vrir sa misère; on en dispute les morceaux, comme
les guenilles du pauvre.

CHAPITRE II.

Du président du conseil.

EXAMINONS quels griefs sont portés contre M. de Villèle, de quels éloges il est l'objet. Ecartons le ton déclamatoire, et fixons nos idées sur un personnage qui
désormais marquera dans l'histoire.

On reproche à M. le président du conseil, de n'a-
voir pas reçu cette première éducation, de ne pas posséder ce fonds précieux d'opinions politiques et littéraires que l'on ne se donne plus à un certain âge. En
Angleterre, une éducation libérale est l'apanage des
ministres, forcés de répondre à une foule de questions
qui réclament le savoir de l'historien et du jurisconsulte. Pour obtenir une réputation ministérielle, il ne
suffit pas de lire superficiellement un code, ou d'acquérir dans quelques compilations une imparfaite connaissance du passé. Dans ce pays, un ministre doit
tenir tête à toutes les questions, sur le présent, le
passé, l'avenir. Le génie même, sans instruction préalable, ne saurait s'en tirer. Il faut un Oxford et un
Cambridge.

En Allemagne, on ne devient homme d'état qu'après

avoir fait ses preuves dans les cours de justice et les collèges du gouvernement. Personne ne peut y parvenir à un poste élevé, sans avoir subi des examens publics à l'entrée de sa carrière. Un chancelier, un diplomate, ont passé leurs jeunes années à Gœttingue, à Jéna. Là, se traitent ces questions de droit, ressortant d'un fonds de questions historiques, et dont la solution ne saurait être abandonnée à des subalternes.

Ce qui prête à l'homme de l'éclat, de la force, c'est la pensée qui l'anime ; c'est la maturité de son intelligence. Comment, sans philosophie sera-t-il complet? Jamais les anciens ne la regardèrent comme inutile ou nuisible. Périclès allait à l'école de Socrate : Cicéron, Jules-César étaient élèves avoués et enthousiastes des Grecs ; les jurisconsultes romains s'attachaient au Portique ou au Lycée. Cosme et Laurent de Médicis adoptaient la science, et chérissaient jusqu'à ses épines. Jamais en Allemagne, en Angleterre, on n'a vu, sans quelque teinture de philosophie, un homme devenir remarquable comme homme d'état. Il faut, après tout, une doctrine, un système. On ne peut vivre au jour le jour, ni dans les affaires de gouvernement, ni dans la vie commune. Un peu d'avenir dans l'esprit ne nuit à rien.

Telles sont les bases sur lesquelles s'appuient les accusateurs de M. de Villèle. Voyons comment on le défend.

On ne saurait demander aux hommes une mesure de savoir que leur pays et leur siècle ne leur accordent pas. La France du seizième siècle, éminemment savante, possédait des hommes d'état versés dans la littérature des anciens. Il y avait alors un grand mouvement politique ; il fallait alors des hommes dont la vue fût haute et large, de grands jurisconsultes.

Sous Louis XIV, la monarchie absolue se parait de graces. Déjà le divorce était établi entre les lettres et les affaires. Sous Louis XV, cette scission devint une chose de mode et de-bon goût. Les puissans n'étaient pas des politiques, mais seulement des favoris. La grande instruction manquait même aux parlemens. Montesquieu fut un événement. Cet état de choses avait pour base l'absurde. Que signifie cette prétendue incompatibilité entre les lumières et la politique? Les sophistes pullulèrent à côté des ignorans ; ce qui n'a pas été sans influence sur la révolution française.

Celle-ci, qui prétendait posséder la science infuse, se mit à honnir l'expérience du passé, et fit table rase des universités; puis elle reprit ensuite de l'ancien régime ce que l'instruction offrait de plus défectueux, un certain esprit de collège, triste pendant de l'esprit académique, qui transforme la république des lettres en empire de coterie. Certaines sciences, depuis la révolution, ont marché à pas de géant. Ce sont celles qui ne forment pas les caractères politiques. L'influence de la physique et des sciences mathématiques, fort utile d'ailleurs, est à peu près nulle sur l'esprit public. Elles ne suffisent pas pour constituer cette éducation libérale qui depuis long-temps manque à la France.

A tout prendre, on aurait tort de croire que, comparé avec ses rivaux, M. de Villèle, sous le rapport de l'instruction, fût aussi inférieur qu'on veut le prétendre. Il y a un certain nombre d'hommes, nourris de plus fortes études, qui possèdent à un degré plus éminent que le président du conseil cette libéralité de pensées, résultat de l'application aux sciences élevées que j'indique. Mais M. de Villèle s'est instruit à grands frais à l'école des affaires. Laborieux, infatigable, les ressources de son esprit ont compensé en grande partie ce qui pouvait lui manquer. Enfin, l'éducation la plus strictement classique ne donne point le talent du pouvoir, qu'on ne saurait lui contester.

Il est important, et par la nature des choses, et par celle du temps où nous sommes, qu'un ministre ait grandi dans des vues libérales. L'instruction élargit les conceptions de l'homme d'état. Par elle, il apprend que la routine des affaires n'est pas tout ; que des hommes ne dépend pas toute la machine politique. La finesse a son prix, l'expérience est une grande conseillère ; mais les idées aussi ont leur empire. On est appelé à faire mouvoir une époque, orgueilleuse ou vaine, à tort ou à droit, du nombre et de l'éclat de ses lumières. Quand les esprits sont dévorés du besoin de savoir, comment les diriger, si l'on n'a pas la clé de ce savoir? Au lieu d'ignorer son temps, il faut s'élever au-dessus de lui ; pour le dominer, il faut l'avoir pénétré.

Ne croyez que je prenne en main la cause d'un triste pédantisme. Ce qui importe à l'homme politique, ce n'est pas le savoir du lettré, l'étude approfondie de l'érudit, c'est la connaissance exacte du résultat de leurs travaux, le talent et le pouvoir d'étendre sa vue sur la filiation des idées et des choses ; la force d'imprimer à son siècle le mouvement de la pensée du gouvernement. L'éducation des collèges est insuffisante pour cela. Ce que l'on sait est peu ; l'esprit dans lequel on sait est tout. Il faut que la science s'allie intimement à la vie, l'épouse, si j'ose le dire, pour la féconder d'une pensée généreuse. Qui n'est pas au courant des connaissances humaines, abdique toute influence sur les esprits. L'homme vraiment capable veut savoir dans quel sens il encouragera les idées de son époque ; pour les connaître, il les remue, les pénètre, les approfondit.

Elever les esprits dans la mesure de leurs diverses capacités, tel doit être le but du gouvernement. Rien ne lui est plus nécessaire que de former des talens, pour les rendre utiles à la société. Mais si, étrangers aux progrès des lumières, les maîtres de nos destinées se trouvaient dupes du premier intrigant, comment pourraient-ils atteindre ce but ? Pour démêler l'ivraie et le bled, pour reconnaître ces gens empressés, ces *faiseurs d'embarras*, charlatans de la science et de la politique, un coup d'œil exercé ne suffit pas. Il faut savoir juger d'après soi, tirer au jour le talent modeste, refouler dans les ténèbres l'esprit de mensonge. Je soutiens qu'il n'est pas indifférent à un gouvernement de savoir quelles sont les doctrines physiques qui s'enseignent. Il doit vouloir qu'une haute spéculation se mette en harmonie avec un système de la nature, où tout ne soit pas expliqué par cette philosophie des molécules, lèpre scientifique qui, depuis Epicure, a infecté les écoles de nos physiciens.

L'histoire, l'expérience, telles sont les deux bases sur lesquelles repose la politique. Mais il est un pédantisme qui peut hardiment se ranger près de tous les autres pédantismes. Qui dit pédant, ne dit pas érudit : toute préoccupation de l'esprit sur un savoir spécial et borné constitue le pédantisme. Après avoir classé, tant bien que mal, dans votre mémoire, Vatel, Grotius, Puffendorff, prétendez-vous, le livre de Martens à la main, posséder la science infuse de tous les traités ? Vous êtes pédant diplomate, et de tous les genres de pédantisme ce n'est pas le moins insigne. On se rappelle certain député qui a long-temps passé pour jurisconsulte parce qu'il avait appris par cœur la nomenclature de toutes les lois, de toutes les ordonnances promulguées depuis l'ouverture de l'assemblée constituante.

Que l'homme d'état envisage l'histoire dans son ensemble, non dans ses fragmens ; dans sa vie réelle, non dans ses détails stériles. Il lui faut, avec une meilleure philosophie et une science plus complète, plus en rapport avec le progrès des connaissances, quelque chose de ce coup d'œil lancé par Montesquieu et Machiavel sur le passé, sur l'avenir. Son esprit doit se nourrir de la pensée qui réside au fond des événemens, afin de pouvoir frayer à son époque une voie nouvelle.

Résumons-nous. Au milieu des circonstances actuelles, à cette époque où la foule semble enivrée de sophismes, mais où des esprits persévérans et profonds ont étendu en France et à l'étranger le vaste domaine de nos connaissances; le devoir d'un premier ministre est de s'emparer de ces lumières, et de marcher à la destruction de ces sophismes. Il n'y réussira que si, pour la vue générale des découvertes et la connaissance systématique des doctrines, il se trouve au niveau des plus hautes intelligences de son époque. Une tête aussi forte, aussi saine que celle de M. de Villèle, met à profit l'expérience; mais toute bien organisée qu'elle puisse être, si elle n'est pas suffisamment meublée d'idées et de choses, l'expérience, quelque utile et précieuse qu'elle soit, ne préviendra pas de mortelles méprises.

M. de Villèle s'est formé dans un âge avancé, au milieu d'hommes dont la capacité politique a été souvent mise en doute. Ce qu'il est devenu mérite donc l'admiration. Combien peu d'hommes se fussent élevés, du même point de départ, à la même hauteur?

Au lieu de lui reprocher ce qu'il n'a pu se donner ni acquérir, il faut louer ses progrès. Mais ne fermons pas les yeux sur le danger que présente un état de choses dans lequel le gouvernement est obligé de faire son apprentissage. Sans doute la vie humaine est une école; mais il est des études qui doivent la précéder. Si dans la maturité de l'âge on veut réparer le temps perdu, on manque de la souplesse des jeunes années. Ou l'on agit obstinément sur une première donnée, en y portant une force de caractère aveugle, ou l'on tatonne long-temps dans ses incertitudes : dans les deux cas, on manque d'une exacte balance et d'un juste équilibre.

Quand on ignore certaines choses, on n'en a pas les préjugés; l'esprit est libre sur ce point. Mais l'ignorance aussi a ses préoccupations, elle a ses préjugés. Il est facile, quand on se voit harcelé par des antagonistes dont le patriotisme n'est pas toujours pur, quand on s'indigne de la mauvaise foi mêlée à l'apparente vérité de leurs reproches; il est facile de prendre en dérision et en haine ces études dont on vous impute l'absence à crime. On méprise le savoir, on dédaigne l'esprit de système; on donne pour base à la politique la seule expérience. De là, une routine en fait d'affaires, qui répare les brèches du jour sans prévoir les embarras du lendemain. Il est de nécessité de vivre au jour le jour. Plus les difficultés augmentent, plus on s'obstine dans ses habitudes. On remet la science à un temps paisible. Il n'est question que de manœuvrer habilement : là se réduit tout le plan de campagne. M. de Villèle en serait-il là? Son habileté même lui est contestée; accusation qui nous reste à examiner.

« Ce n'est, disent ses adversaires, qu'une habileté subalterne : c'est une facilité d'habitude à s'orienter dans les affaires, non cette habileté prophétique de l'homme d'état, qui d'un coup-d'œil embrasse toute l'étendue des situations difficiles. »

Je ne pourrais donner mon approbation à une sentence aussi tranchante. Comme M. de Villèle a manqué de cette appréciation du passé des peuples, et de leurs

positions gouvernementales, il s'est vu réduit à juger
le présent par voie empirique : c'est là son côté faible.
Mais où sont-ils, dans les cabinets d'Europe, ces
hommes éminens qui veulent faire de l'avenir la proie
de leur génie, et jettent, si je puis le dire, leur filet
dans le temps futur? Certes le président du conseil,
en arrière, quant à l'instruction, des autres chefs de
cabinets, n'a pas comme eux, ni depuis aussi long-
temps qu'eux, le maniement des affaires. C'est cependant, depuis M. de Talleyrand, la seule réputation
d'habileté qui se soit fait jour à l'étranger. S'il ne balance pas dans son esprit d'aussi grands intérêts que
M. de Metternich, il passe pour l'égaler en sagacité.
S'il n'a jamais eu, s'il n'aura jamais ces élans prompts du
génie qui distinguaient M. Canning, sa prudence l'em-
pêchera de brusquer violemment les voies nouvelles.
Malgré la lenteur de sa démarche, il a fait, en somme,
d'assez larges concessions à la nécessité des choses.
Sa conduite, par rapport à l'Amérique espagnole, vis-
à-vis des résistances de l'Espagne ; l'affranchissement
de Saint-Domingue ; la conduite morale et politique
des troupes françaises dans la Péninsule ; les arrangemens contractés avec Don Miguel ; les affaires d'Orient ;
les tentatives d'Egypte ; rien de tout cela, sans porter
l'empreinte d'un grand caractère et de ses déterminations, n'est dénué d'adresse. On pouvait marquer d'un
sceau d'élévation cette politique, dont l'idée première
et haute ne se dessine point d'une manière assez prononcée. A tout prendre, ces mesures, dans leur ensemble, ont fait avancer la politique d'un pas. M. de

Villèle semble comprendre qu'il faut, et favoriser la monarchie, et relever l'autel, et ne méconnaître aucune des nécessités de l'époque. Si nous observons combien le parti sur lequel il s'appuyait était aveugle sous tous ces rapports, nous lui saurons gré d'être parvenu à lui persuader des concessions aussi larges, quand même leur exécution aurait été mesquine.

Quel que soit le caractère de tracasserie, je dirais même d'humble dévotion au pouvoir, imposé dans les affaires de l'intérieur à tous les fonctionnaires, l'habileté de M. de Villèle a su se faire jour à travers ces obstacles. Qu'on veuille bien remarquer que dans un pays à idées démocratiques, il fallait maintenir, avec l'autorité, le prestige de la monarchie, et au sein d'une époque assez indifférente en matière de religion, l'influence catholique. Le parti sur lequel on s'appuyait, marchant en boitant vers la tombe, descendait les derniers degrés de son existence, et se cramponnait à la rampe. Plus il tombait, plus on le voyait s'acharner aux souvenirs de sa jeunesse. Toute publicité causait une alarme. La charte était un pis-aller, que l'on n'acceptait qu'à condition que les hommes bien pensans obstrueraient les avenues du pouvoir. Que tel nom fût en place, tout était perdu; que tel autre le remplaçât, tout était sauvé. Vieux enfans dans le délire : on voyait de jeunes sages, vieillards de vingt ans, les désespérer. Avant quarante ans nul n'est apte aux affaires; toute une génération en est exclue. Ce fait posé, qu'en résulte-t-il? Que cette génération s'est nourrie de doctrinalisme, imbue de doctrines républicaines; et, ce qu'il y a de plus remarquable, c'est que les fils de nos entêtés ne sont pas les derniers à suivre ce mouvement des esprits.

M. de Villèle, agissant au milieu d'un parti qui l'a élevé au pouvoir, a su l'intéresser au progrès de l'industrialisme, contre ses goûts, contre ses préjugés, contre sa conviction même. S'il a penché pour la province; si son trois pour cent a favorisé les propriétaires, il n'a pas laissé que d'agir dans les intérêts de la capitale, par un grand mouvement de bourse et de banque. Je ne prétends pas que sous tous les rapports tout cela ait été parfaitement bien organisé; qu'on n'eût pas pu y mettre plus de dignité. Mais les circonstances données, et avec les antécédens du premier ministre, nulle de ces mesures ne fut sans habileté.

Sur un seul point, M. de Villèle a laissé faire; il était évidemment au-dessous de la matière. Je parle de l'instruction publique et des intérêts du clergé. Quant à la première, il a ignoré positivement ce dont il était question. Quant au clergé, on ne peut dire qu'il ait manqué de toute espèce d'habileté.

Reconquérir la monarchie par la liberté, la religion par la tolérance; entendre cette liberté d'une manière assez puissante pour faire pâlir les libéraux, et cette tolérance d'une manière assez féconde pour refouler dans le néant l'intolérance parlementaire, gallicane, janséniste, celle même des ultramontains et des jésuites, lorsqu'ils se montrent aveugles sur leurs véritables intérêts; telle était la haute et difficile tâche dont il fallait qu'un premier ministre affrontât les conséquences.

M. de Villèle , qui a plus de ténacité que de force , pressentait cependant cette nécessité. Ce fut ainsi que, pendant long-temps , et en dépit des affiliés du pouvoir , il sut maintenir la liberté de la presse. Malheureusement il abandonna cette liberté à elle-même, sans lui communiquer aucune direction ; ce qu'il obtint , ce fut la licence. De même le premier ministre, après quelques tentatives de gallicanisme de la part de ses collègues, avait pris la grande résolution de laisser agir comme ils l'entendraient les intérêts religieux. Malheureusement encore , comme il n'était pas maître de la question, il laissa jésuites et ultramontains dépasser la ligne d'une sage tolérance, et ne leur demanda que de respecter les droits du trône. C'est un bien petit fait que l'expulsion du prince de Salm , et l'expulsion des piétistes d'Alsace. Mais les faits subsistent. D'ailleurs , il y eut de la part du clergé obsession quant aux emplois à obtenir pour ses favoris : la hiérarchie de l'Eglise n'opposait pas à ses écarts une discipline assez forte. Aussi, ni la liberté de la presse, long-temps maintenue, ni une certaine tolérance et les affaires ecclésiastiques abandonnées en partie à leur énergie propre, ne profitèrent à M. de Villèle comme elles eussent dû lui profiter.

La direction d'un premier ministre se fait moins sentir dans les départemens plus spéciaux, comme dans ceux de la marine, de la guerre, de la justice. Ils ont leur organisation réglée d'avance , sur laquelle il ne peut aussi immédiatement influer. Aussi a-t-on moins attaqué l'habileté de M. de Villèle dans cette direction. Il est bon cependant de porter l'examen sur ce point, en tant que la chose peut être censée le concerner.

Une scission fâcheuse a éclaté entre le gouvernement et les tribunaux. Il est évident que le ministère qui a enlevé au jury la question de la presse, a compté sur l'assistance des tribunaux dès le moment de son entrée en fonctions. Etait-ce, comme M. de Serres l'a pensé, une anomalie dans notre forme de gouvernement? Etait-ce une combinaison monarchique? Je n'approfondirai pas ces questions. Ce que je n'ignore pas, c'est que le ministère a évidemment méconnu l'esprit parlementaire de l'ancienne France ; esprit frondeur de la cour, ainsi que du ministère, et dont le but était de dépouiller le clergé d'un reste d'indépendance, en l'attirant tout entier dans la sphère de sa juridiction. Or, que demandait le ministère? Prétendait-il élever autel contre autel? faire lutter l'esprit parlementaire de l'ancien régime contre l'essence du gouvernement représentatif moderne? Si telle était sa pensée, elle est accomplie. Mais rien de tel. Les partisans des doctrines parlementaires ayant succombé en même temps que leurs ennemis, les partisans du clergé et de la cour, on a cru que la cause des uns et des autres serait confondue. On pensait aussi que les juges de l'empire, devenus ceux de la restauration, n'avaient pas plus d'indépendance que le reste des fonctionnaires. On oubliait ainsi leur inamovibilité,

qui les rendait accessibles à l'esprit de corps; on oubliait que, malgré leurs préjugés modernes et leur
éducation révolutionnaire, l'ancien esprit parlementaire leur offrait trop d'avantages pour qu'ils n'es-
sayassent point de le ressaisir sous quelques rapports.
On avait oublié que cet esprit des parlemens, tout
hostile qu'il fut à la révolution, ne l'était pas moins à
diverses parties de l'ancien régime, et que la collision
une fois établie entre les cours de judicature et le pouvoir, la révolution battrait des mains, applaudirait
aux juges, et les environnerait d'un certain degré de
popularité. Les résultats de cette imprévoyance seront
plus tard l'objet de notre examen.

On a lancé de violentes accusations d'inhabileté
contre M. de Villèle, dans l'affaire des marchés Ouvrard. Le public a été à demi témoin des désagrémens
qui contraignirent M. de Bellune à donner sa démis-
sion. En homme prudent, le président du conseil
hésitait à entreprendre la guerre d'Espagne. Entouré
de conspirations militaires, il était excusable. Peut-
être n'a-t-il pas assez compté sur l'entraînement du
soldat, sur l'impétuosité du sang français, sur la présence d'un prince royal. Si la révolution s'était conso-
lidée en Espagne, elle se fût assise triomphante à
Paris. Telle était l'inévitable force des choses. M. de
Villèle pouvait bien en avoir le sentiment, mais sans
que sa conviction à cet égard fût complète et entière.
Il n'a pas manqué d'habileté, mais d'une détermination fixe et à point nommé. C'est le seul reproche
fondé qui lui ait été adressé dans cette affaire.

Les finances sont le triomphe de M. de Villèle; on assure que l'ordre en est digne d'éloges. On n'a refusé ni à M. le baron Louis, ni à M. le comte Roy, une haute sagacité. M. de Corvetto lui-même a trouvé des défenseurs. Mais tous ont été éclipsés par le président du conseil, s'il faut en croire ses défenseurs. M. de Villèle, doué d'une rare activité intellectuelle, sait, d'un coup d'œil, remuer, classer, ordonner de grandes masses d'intérêts. Cependant sa gestion n'est pas à l'abri de toute critique. En élargissant les bases d'un système de crédit, qui se lie nécessairement aux grands intérêts commerciaux du monde entier, peut-être s'est-il placé d'une manière trop exclusive entre les mains des banquiers. Je me contente de hasarder ce doute. Dans le département des finances, de grands intérêts et de grandes passions se trouvent en jeu. La bourse n'est qu'un tapis vert. Jusqu'à quel point M. de Villèle pouvait-il l'empêcher? Jusqu'à quel point cette prospérité financière, dont il se glorifie presque comme de sa création, se combine-t-elle avec les vastes intérêts du dehors, la vivification des débou-chés dans l'intérieur, la splendeur des lettres, la majesté de l'instruction publique, la force de l'armée, l'éclat de la marine, la dignité de la justice? Cette question exigerait une discussion morale des budgets portés à la chambre, discussion que les passions contraires n'ont pas encore permis de placer sous son vrai jour.

En somme, M. de Villèle, impatienté des reproches d'une critique chagrine, ne serait-il pas fondé à répondre : « Eh ! messieurs, laissez-moi du temps ; vous exigez tout à la fois. Vous me demandez que je relève le moral de la France, que je l'excite à soutenir sa dignité. Permettez-moi d'abord de former la base matérielle de ses prospérités. L'ame ici-bas peut-elle se passer de corps? Occupons-nous d'abord des finances. Ensuite nous vivifierons. » Si ce raisonnement peut être contestable dans sa généralité, il ne manque pas d'une force de raison. En France, l'impatience est singulière. On exige du pouvoir tout à la fois : places et morale, adoption des intérêts privés, et dévouement aux intérêts généraux. Cette précipitation a été le défaut des opposans, mécontens de certaines lenteurs, peut-être aussi déçus dans quelques ambitions.

Pourquoi M. de Villèle, encore en butte aux tracasseries de ses critiques, ne leur répondrait-il pas encore : « Vous voulez de l'habileté? soit; mais montrez-la moi cette habileté rare. Il y a eu, je l'admets, des hommes plus instruits que moi, plus rompus aux affaires ; mais quel est celui d'entre eux qui a légué à la France un avenir de bonheur et de force? M. de Talleyrand connaissait, je le suppose du moins, l'histoire et la théologie ; il fut en grande réputation de savoir-faire. Au congrès de Vienne, a-t-il su maintenir la France à la hauteur de sa dignité? Certes, M. Decazes avait lu les codes ; ce qui, pour l'explication de certains termes, suppose une teinture de latin. Mais avait-il le moindre poids dans les cabinets alliés? Était-il parvenu à conjurer les élémens révoltés de la France? Enfin, M. de Richelieu, grand seigneur, connu pour avoir nourri un fonds de pensées nobles et généreuses;

M. de Richelieu , qui savait le russe, l'allemand , et peut-être quelques-unes des langues du midi ; M. de Richelieu, qui a obtenu la retraite des alliés, eût-il seulement osé tirer l'épée dans les affaires de l'Italie , comme moi, j'ai osé la tirer dans les affaires d'Espagne? Allez aux résultats. Vous verrez que mon habileté vaut bien celle de mes prédécesseurs , et que l'on se récrie à tort contre moi. »

« Habile , si vous voulez, lui crient quelques adversaires ! Toutefois n'êtes-vous pas de force à marcher de conserve avec un cortège de hautes capacités : car elles vous éclipseraient. On n'ignore pas que vous écartez du pouvoir , des emplois même , tout ce qui se présente avec des idées originales , tout ce qui ne consent pas à s'effacer devant vous , pour vous grandir aux dépens de la nullité de vos affidés. Vous avez du penchant pour la médiocrité ; la raison en est claire. En dépit de votre finesse, de votre habileté, de votre aptitude aux affaires, il y a de la médiocrité non-seulement dans votre esprit, mais dans votre caractère. Pour force, vous avez de l'obstination et de la souplesse.»

Ecoutons maintenant les partisans de M. de Villele. « Il y a des dévouemens difficiles ; il y a des capacités ambitieuses. Avez-vous vu deux aigles partager la même aire? Si la couvée qui entoure M. de Villèle se compose d'aiglons, du moins lui appartient-elle en propre. C'est le sang de son sang, la chair de sa chair. Ormouzd et Ahriman, s'ils eussent régné tous deux, eussent empêché la création de s'achever : l'un en appelait à la lumière que l'autre voulait plonger dans les ténèbres. Un troisième principe, supérieur à l'un et à l'autre, devait les forcer de se soumettre à la loi de l'harmonie générale. C'est un beau spectacle sans doute que celui des vents se déchainant sur la mer ; mais dans leur rivalité furibonde, voyez-les creuser les abîmes, et les lancer contre les cieux. Il faut le trident de Neptune pour tout apaiser. Sans lui l'Océan découvrirait à nu ses plus profondes cavités. »

Mais des contradicteurs obstinés poursuivent le premier ministre de leur réplique : « Fort bien : éloignez de la première place un homme qui veut l'occuper à vos dépens. Cela n'est peut-être pas sublime, mais rien n'est plus simple. Mais que vous exerciez la même colère contre tout ce qui vous fait ombrage sans lutter contre vous dans les conseils, c'est là un indice irrécusable de votre haine contre les talens. »

« Des talens ! répond le ministre, que voulez-vous dire? Parlez-vous de cette facilité de la plume, vulgaire apanage, avec lequel chacun se croit un génie? Le véritable talent est rare. Où le trouverai-je? Parmi les gens de lettres, classe remuante et dangereuse, tant que sa position restera (comme elle l'est depuis l'abolition des grands corps universitaires, si abattus long-temps avant la révolution) précaire et incertaine? L'opposition aux ministres n'est pas la seule pierre de touche du talent politique. Il ne s'agit pas uniquement de blâmer; il faut créer. Tel bon critique sera mauvais poète. Tel homme remplit bien sa place entre les opposans, qui sera mauvais ministre. Vos hommes de lettres veulent des pensions et des sinécures. Vos hommes d'opposition veulent le pouvoir. Ah ! qui me

donnera de véritables, de réelles supériorités! Aussitôt
le président du conseil s'inclinera devant elles, et leur
ouvrira les routes du pouvoir! »

Telle est cette vive lutte entre les hommes de lettres,
les hommes de l'opposition, et les hommes du pouvoir. Leurs raisonnemens et leurs accusations réci-
proques sont faciles à comprendre. Mais à quoi aboutissent ces perpétuelles récriminations? A des négations
de part et d'autre. On ne déciderait de rien si l'on ne
soumettait à un examen soigneux les causes qui,
jalousie à part, amour de la médiocrité à part, ont
semblé entourer M. de Villèle d'un certain nombre
d'amis et de partisans qui ne semblent pas devoir ce
privilège à la supériorité du talent.

Le génie n'est point dans les masses : aussi ne les
appelle-t-on pas au pouvoir. Mais depuis que l'administration a envahi jusqu'au moindre hameau, la France
a vu les masses se porter en foule vers les emplois, et
appuyer les ministères du gouvernement représentatif,
dans le sens de cet envahissement même des places.
Ainsi, quand la majorité est tout pour un ministère,
ce sont les masses qu'il doit capter, non les talens.
Mais au lieu de s'inquiéter d'une majorité, il faut penser
à l'avenir. Les masses disparaîtront devant les talens.

Les talens, nous dit-on, sont factieux de leur nature ; ils ont une tendance marquée vers l'exagération.
Ils excitent la prostration des forces. Si les masses sont
naturellement serviles, du moins sont-elles pacifiques;
et pour réparer les maux de ses longues agitations,
c'est de repos que le pays a besoin. Mais les masses,

inertes de leur nature, n'offrent pas la ressource des talens. D'ailleurs il existe dans les masses royalistes un caractère spécial d'inertie; comme il y a dans les talens royalistes quelque chose de bruyant, d'inquiet, en fait de faction et d'intrigue. Circonstances influentes, sur les motifs desquels il est important de jeter la lumière.

La masse royaliste a embrassé, sous deux rapports, un système de fatalisme. Après avoir épuisé d'antiques restes de loyauté chevaleresque, dont les dernières étincelles se sont peut-être conservées dans la Vendée, vaincue par la révolution, la portion de cette population royaliste qui n'a pas cherché les faveurs et les emplois impériaux s'est retirée dans les campagnes, où elle s'est contentée de ne rien faire; tout au plus essayait-on d'acquérir assez d'ascendant pour devenir maire ou membre d'un conseil-général. Cette masse s'est mise en effervescence à la restauration. Elle tenait à la capitale par le faubourg Saint-Germain, où régnait le bon goût, où l'élégance des belles manières avait son trône occupé par les femmes. Alors M. de Chateaubriand était au zénith de la gloire. Il parlait de la vieille France avec l'enthousiasme d'un de ses paladins. Il féodalisait la liberté moderne; il enivrait les esprits de religion, de monarchie; la charte elle-même trouvait place au milieu de tout cela, et planait sur l'ensemble. Les hommes graves, en lisant ce style, secouaient la tête et se taisaient. Les femmes, la jeunesse, et ce qu'il y avait, parmi les vieux émigrés, d'étranger à l'absolutisme et aux parlemens, se laissèrent

entraîner. On eût dit un rajeunissement du passé.
Malgré la réaction des cent jours, le monde libéral se
sentit comme ébloui de tant d'éclat, comme aveuglé
de la ferveur de la chambre *introuvable* et du *Conservateur*.

Toute cette poésie ne tarda cependant pas à être en
défaveur près du pouvoir. Elle n'allait pas à la nou-
veauté de M. Decazes. Elle blessa le bon sens des doctrinaires, ainsi que leur bourgeoise assurance et leur
pédantisme carré. Elle déplut aux impérialistes. Elle
causa la rage et la risée des révolutionnaires. Enfin les
souverains alliés, qui voulaient des garanties et non
des sentimens, ne pouvaient guère s'en accommoder.

Alors la masse royaliste, forcée de quitter son trône
pour se ranger dans l'opposition, abandonna ce *hourra*
d'enthousiasme, rejeta sur le dernier plan les femmes,
la jeunesse et les vieux émigrés, et se classa, de nécessité, dans ses propres rangs. Le renvoi de M. Decazes
signala l'apogée de l'ultracisme pur, qui, après cet
exploit, tomba de fatigue. On parvint aisément à l'en-
rôler sous des bannières diverses.

Les plus enthousiastes s'obstinaient à rêver la monarchie et la liberté sous des couleurs poétiques, constitutionnelles et féodales. Rêve que le plus grand désordre d'imagination, la fougue et l'impétuosité des
images, caractérisaient en révélant le génie du maître.
C'était la pépinière future d'une jeunesse royaliste
libérale, dont les métamorphoses ont été des plus
promptes et des plus curieuses. Les plus conséquens,
et l'abbé de Lamennais à leur tête, s'adressèrent au

catholicisme, où ils cherchèrent un système de gouvernement absolu. Entre eux et les autres fermentait
une secrète animosité, produit de l'opposition dans la
marche et la suite des idées. De conséquence en conséquence, le chef de cette doctrine a fini par devenir
très-libéral en politique, très-ultramontain en religion ;
mais il désespéra de la partie, parce que le zèle qui
l'embrasait ne rencontrait pas une application féconde
chez ses propres partisans. Enfin les politiques de l'ultracisme se sont divisés en deux fractions qui reconnaissent pour chefs MM. de Villèle et de Labourdonnais. L'une, dont le chef aspirait au gouvernement,
et s'était aperçu de bonne heure de la répugnance que
la masse administrative, le centre ministériel, ainsi
que les cabinets étrangers, avaient pour la poésie de
l'ultracisme pur, et de l'effroi qu'inspiraient l'impétuosité de ses attaques et la possibilité de ses désastres :
cette fraction, commandée par M. de Villèle, se livrait
tout entière à ce chef prudent, qui acquérait une
grande expérience des chambres, et le suivit avec une
docilité exemplaire sous quelques rapports. Violent,
agité, sans poésie, mais aussi sans génie pour les affaires, l'autre parti, qui avait quelque chose d'une
turbulence féodale, avec un mélange de générosité,
d'indépendance, mais qui manquait de moyens pour
soutenir ce qu'il osait avancer, se rangeait sous les
auspices de M. de Labourdonnais, et nourrissait contre
l'autre fraction une secrète antipath ie.

L'entrée de MM. de Corbière et de Villèle au ministère Richelieu fut le premier indice de cette politique,

nommée politique expectante par M. Fiévée. Elle ne perdit rien pour attendre, et finit par embrasser le pouvoir de racines profondes. Aux yeux des cabinets de la Sainte-Alliance, le président du conseil eut l'avantage de se montrer habile aux affaires, et capable dans la direction de son parti. Il avait pris des engagemens avec une congrégation religieuse, à laquelle il tenait probablement fort peu : congrégation dont les membres, sous les auspices de M. de Bonald, et d'après les inspirations de M. de Maistre, rêvaient plus ou moins la monarchie absolue. Certes, cette coterie avait deux grands noms à sa tête ; noms qui, sans jamais pénétrer par la politique dans le domaine de la vie réelle, resteront grands dans le domaine de la pensée. M. de Villèle supporta la congrégation comme une véritable chaîne, et lui chercha des contre-poids, tantôt dans des velléités gallicanes, d'après l'instigation de M. de Corbière ; tantôt, d'après son propre mouvement, en satisfaisant, autant qu'il le pouvait, l'esprit moderne par une alliance avec l'Angleterre, sans rompre avec les autres cabinets ; quelquefois enfin en combattant les doctrines saintes par des maximes d'industrialisme. Le parti, si l'on excepte M. Ferdinand Berthier, ne se détacha point de M. de Villèle, parce qu'il avait besoin des emplois pour pouvoir organiser son système. Il redoutait la liberté des royalistes poétiques, ainsi que les écarts des contre-opposans, dont quelques membres soutenaient le gallicanisme et les préjugés parlementaires.

Souple par nécessité comme par principes, la congrégation devenait menaçante, parce qu'elle espérait vaguement obtenir, en s'emparant de la charte et en la modifiant, une ombre de monarchie absolue. Ombre fatale d'ailleurs, qui, comme celle de Samuel, n'eût pas manqué de la faire chanceler sur son trône. Cette vaine et impuissante espérance n'allait point avec le ministérialisme royaliste, que, sous forme constitutionnelle, sans véhémence, sans orages, M. de Villèle croyait pouvoir étendre à petit bruit, avec de plus grandes chances de succès. Il prit pour renfort la masse des provinciaux, hommes probes dans la vie privée, mais qui ne comprenaient rien à l'honneur politique ; hommes qui avaient besoin d'influence locale, mais qui ne savaient point comment ils devaient s'y prendre pour acquérir de l'importance générale. Ils n'aspiraient qu'aux garanties d'une paix qui n'était que la léthargie politique, et tout en détestant la liberté, ils n'osaient s'emparer du despotisme. Royalistes éprouvés, ils eussent, sans scrupule, donné leurs voix à l'homme, quel qu'il fût, en qui ils eussent placé une confiance aveugle. Telle était la masse royaliste avec laquelle M. de Villèle devait agir. Elle lui pesait, tout obéissante qu'elle fût à sa volonté : il n'y trouvait pas même un nombre suffisant de ces talens subalternes dont il se fût accommodé.

MM. de Bonald et de Frénilly, hommes à idées élevées, étaient trop éloignés des doctrines constitutionnelles que le président du conseil, comme ministre du roi, était obligé de faire valoir. Que lui restait-il ? L'éloquence tant soit peu irrégulière de M. Dudon.

M. de Martignac lui offrait un compétiteur plutôt qu'un assistant.

Dans les commencemens, le président du conseil marchait de conserve avec cette partie de la congrégation qui, sous l'autorité de M. de Montmorency, penchait encore vers un certain degré de liberté politique, et offrait comme l'anneau intermédiaire entre les doctrines ultramontaines et les opinions constitutionnelles de M. de Chateaubriand. Par le duc de Bellune, il tenait à cette partie de la contre-opposition qui n'était pas encore tout-à-fait décidée à convertir en une question purement personnelle, agitée par M. de Labourdonnais, la querelle contre M. de Villèle. Enfin, lorsqu'il s'associa M. de Chateaubriand, il put croire un instant qu'il entraînerait après lui la jeunesse royaliste, et tous les esprits capables de s'arrêter encore sur le sol de la monarchie et de la liberté, et livrés à un certain enivrement poétique. Restait M. de Lamennais, dont l'esprit conséquent et la logique inflexible étaient rebelles à toute concession. Sans doute il faisait brèche à cette union royaliste, artificiellement cimentée; mais sans la menacer d'une ruine totale. Cependant M. de Villèle, gêné dans sa pensée intime par la présence de MM. de Montmorency, de Bellune et de Chateaubriand, les élimina l'un après l'autre : ainsi l'abandonnèrent les indépendans de la congrégation, les moins ambitieux de la contre-opposition, et les enthousiastes de la liberté politique sous forme royaliste. Il resta entouré de ses seuls affidés : isolement qui ne choqua point les cabinets alliés.

A la retraite du duc de Bellune, toute la contre-opposition s'ébranla , et dans l'affaire des marchés Ouvrard fit feu sur M. le président du conseil, qui se tira de ce pas avec adresse en renvoyant aux tribunaux la question en litige. M. de Chateaubriand lui mit à dos la littérature entière. Dès-lors commença cette longue et ennuyeuse discussion entre ceux qui s'adjugeaient, à tort ou à droit, d'un côté, le monopole des talens, d'un autre, celui des affaires.

Les talens s'en prirent, non à M. de Villèle seul , mais au ministère en masse ; non au ministère seul , mais à la congrégation, qui n'avait pas soutenu leur cause, parce que, déjà fatiguée de la constitutionnalité ministérielle de M. de Villèle , elle ne voulait pas non plus de la constitutionnalité chevaleresque de M. de Chateaubriand. Alors les journaux se partagèrent entre les divers talens, comme les portefeuilles entre les divers ministres. Une partie se rallia aux doctrinaires, et marcha sous l'enseigne du *Journal des Débats*. M. de Salvandy, le Chateaubriand de la *doctrine*, s'incorpora à ce journal. M. Fiévée, le Villèle des *Débats*, embrassa même le parti de l'industrialisme, tout en revenant à son thème favori des influences locales. Telle fut la nuance du royalisme qui s'aventura de la manière la plus prononcée dans les opinions modernes.

Une autre partie se rendit l'organe de deux fractions de contre-opposition : l'une congréganiste, dont M. de Berthier fut le chef, l'autre anti-congréganiste, soumise à l'influence semi-gallicane, semi-parlementaire de M. de Labourdonnais. La première fraction se rallia à la *Quotidienne*, dans la personne de M. Laurentie. L'autre a eu son domicile momentanément dans l'*Aristarque*. Enfin un nouveau flot d'hommes de talens, si je puis employer ces expressions, reporta la Quotidienne vers les résultats que le Journal des Débats désirait obtenir. La Quotidienne, si remarquable par l'étrange bigarrure d'intérêts qui venaient s'y concentrer : intérêts Chateaubriand, intérêts contraires à cet homme d'état ; doctrines de cour, doctrines de liberté ; idées absolues, combinaisons ministérielles tenant à M. Pasquier, contraires à M. de Villèle ; systèmes de la congrégation, systèmes opposés à la congrégation : cette feuille, dont les couleurs toujours vagues se trouvaient empreintes d'une si habile incertitude, et que l'infatigable rame de M. Capefigue a fait voguer à bon port : la Quotidienne, dis-je, commence à atteindre aujourd'hui le but de tant d'efforts, contradictoires peut-être dans leurs principes, identiques dans leur résultat. Elle louvoie vers un futur ministère qui saura tendre aux diverses fractions, aux diverses nuances du royalisme, et la main gauche et la main droite ; offrant aux unes la Quotidienne, aux autres les Débats. Alors ce sera aux rédacteurs de la ci-devant *Etoile* de faire de l'indépendance, si jamais elle va jusque-là, si son villélisme survit à la disgrace de son patron.

Mais n'anticipons point. Nous tracerons plus tard ce grand tableau dans toute son étendue. Circonscrivons la question dans son intérêt présent. Ici, le bé-

lier des Débats frappe à grands coups cette chambre
des députés aujourd'hui dissoute. Plus modérée, la
Quotidienne nourrissait l'espérance lointaine de voir
les Villélistes aller un jour se confondre dans les rangs
d'un futur ministère: mais cette modération ne dura
pas; enfin, avec un redoublement d'amertume, elle
se décida à attaquer le gros des royalistes, et la possibilité de reconstruire en partie l'ancienne administration de feu M. le duc de Richelieu la jeta dans de
nouvelles combinaisons. Mais il y eut toujours guerre
à mort entre les gens de lettres et M. de Villèle, de
quelque voile qu'ils couvrissent leur opposition, et
quel que fût au fond leur espoir dans un changement
de ministère. Désormais il y eut complète incompatibilité d'humeur entre les journaux et le ministre.

Nous avons vu les talens et les incapacités en présence. Malheureusement, sans nier les incapacités de
quelques royalistes, M. de Villèle conteste les supériorités de ses adversaires. S'ils le trouvent bien petit
devant les événemens, il leur apprend qu'en se guin-
dant sur des échasses, on n'obtient qu'une grandeur
fausse. Cela peut être; mais les partisans de ce ministère vont plus loin encore. Il prétend, ne rencontrant
de talens ni au centre, ni dans l'opposition de droite,
devoir les refuser absolument à l'époque actuelle. Ici
la question devient grave. Elle ne tient plus aux coteries, mais au gouvernement même. Le génie est inhé-
rent à l'homme: ce qui ne veut pas dire que tous les
hommes soient des génies. Un pouvoir bien ordonné
sait en faire éclore le germe; il le couve en l'ombra-

geant de ses ailes. Dans l'époque agitée où nous vivons, époque où rien n'indique l'épuisement des intelligences , où le monde moral est de toutes parts en fermentation , si les talens politiques ne se montrent point en première ligne , c'est apparemment la faute du gouvernement, qui ne sait point les deviner. Le regard , l'attitude, la parole, trahissent un homme. Un œil scrutateur lit jusqu'au fond des ames. Gouverner, n'a été dans tous les temps autre chose qu'étudier la nature humaine.

Reconnaître les talens et les former : fixer et élever : tel est le devoir d'un premier ministre. Par le mot talens , pris en général , je n'entends pas quelque chose de spécialement littéraire, comme nos beaux-esprits le voudraient ; mais la vertu même, la morale, la dignité dans son alliance avec le développement des intelligences. C'est au gouvernement qu'il appartient de faire des hommes ; s'il y manque, c'est défaut de volonté ou de lumières. Les hommes se font et s'élèvent comme les fruits acquièrent de la saveur et de la force sous la main du jardinier habile. Une sève divine circule dans les veines de la nature ; c'est à l'homme expérimenté d'en concentrer les forces. Tout ce que l'homme touche, s'il est habile, il l'élève. S'il s'occupe de l'homme même, ce doit être aussi pour l'élever. S'il est donc pour un homme d'état une maxime funeste, c'est celle, qu'en fait de talens, il faut laisser opérer Dieu et la nature ; et que le pouvoir n'a rien de mieux à faire que de n'y pas intervenir. C'est précisément le contraire de ce que pensèrent Charlemagne, Alfred, Cosme de Médicis.

Qui veut semer, choisit son terrain, consulte la saison, l'exposition, observe l'influence des vents, du soleil, de l'atmosphère. De même il faut, en fait de talent, apprécier long-temps la nature du sol moral, et se déterminer en conséquence. Telle capacité d'un caractère spécial, si vous savez en user, se développera, s'ennoblira sous vos soins, prendra de la force vis-à-vis d'une spécialité de genre différent. En fait de lumières comme d'amitié, il n'y a qu'à se voir et à s'entendre pour que les bornes du préjugé s'écroulent de toutes parts. Les individualités les plus fortement prononcées dans tel sens ou dans tel autre, ne manquent point de s'étendre, de s'élever, de s'élargir, pour ainsi dire, par la base, si l'on sait stimuler en elles l'élément de la grandeur et de la générosité.

Etre à la fois l'homme spécial de la chose, et l'homme général des idées, dans la mesure que comporte telle spécialité attachée à tel sujet, voilà ce qui importe dans les affaires. Or, c'est sur ce point important que M. de Villèle ne semble posséder aucune conviction, parce qu'il manque à cet égard des lumières nécessaires. Il n'a point répondu aux nombreuses exigences des académiciens, journalistes, gens de lettres; et certes on ne saurait l'en blâmer; ce dont je le blâme, c'est de n'avoir su ni élever, ni agrandir, ni apprécier les talens: c'est d'avoir donné tous les soins au matériel, laissant aller le moral partout où il voudrait aller.

« Nous, disent les ministres, nous n'opposons aucun obstacle au développement des facultés. Si quelqu'un a droit de parvenir par le mérite, les portes lui sont ouvertes. Le gouvernement ne doit pas encourager les talens : c'est les corrompre, les arrêter dans leurs progrès, les immobiliser. Il doit les livrer à leur force, à leur nature propre, comme l'industrie. » Certes, pensionner comme Bonaparte, trop imité en cela dans les premières années de la restauration; pensionner, dis-je, les réputations souvent factices, souvent mensongères; jeter partout des hommes de lettres, et faire coterie avec les académies : c'est briser l'essor du génie; c'est couper l'herbe sous le pied du talent, qui vit d'honneur et d'indépendance, de l'estime du souverain, et de la considération accordée par les grands pouvoirs de l'état : sous les livrées de la domesticité, rien de cela ne subsiste. Qu'obtient-on? des flatteurs, des panégyristes. Mais des caractères publics, des hommes à idées fortes, à intentions persévérantes! Jamais! Ces derniers veulent qu'on les active, qu'on les reconnaisse d'une manière forte et positive, qu'on les place dans la sphère de leur activité propre. On ne les charge d'aucune mission de police; mais on les associe aux progrès de l'esprit humain.

Il faut l'avouer, quoique l'indépendance soit peu en honneur parmi les agens du gouvernement, assez excusés d'ailleurs par le spectacle de ces bruyantes indépendances, qui se composent des servilités de la veille et de celles du lendemain : cependant le ministère, à quelques exceptions près, ne s'est point mon-

tré enclin à conférer à la plupart de nos renommées
littéraires le baptême des eaux du Pactole. Ses adversaires l'accusent même d'avoir poussé à cet égard
la négligence jusqu'au dédain ; que dis-je ? jusqu'à la
brutalité. En effet, il nous semble avoir singulièrement méconnu mérites et médiocrités, et avoir tout
confondu sous le même anathème. Par un autre malheur, comme il lui a fallu des faiseurs et des panégyristes, il les a pris dans une sphère littéraire un peu
subalterne : ce qui a fait jeter les hauts cris aux
hommes qui, à plus juste titre, s'attribuaient quelque
supériorité, quelque importance.

Ce n'est pas tout ; les portes ne s'ouvrent pas aussi
aisément qu'on voudrait le faire croire. L'instruction
publique en France, présente un système des plus
étroits, et sur les inconvéniens duquel nous aurons un
jour l'occasion de jeter un coup-d'œil. Ce système, au
lieu de s'étendre dans la mesure d'une certaine générosité de vues, semble se rétrécir davantage tous les
jours. Et quel empêchement opposé au développement des talens, dans ces quarante années, nécessaires
pour être admis aux affaires ; mur d'airain qui s'élève
entre une jeunesse inemployée, et une vieillesse à laquelle reviennent tous les emplois. Pour de jeunes
bureaucrates, on les admet. Ils seront même préfets
tant que l'on voudra. Il s'agissait, comme sous Bonaparte, d'ôter à cette jeunesse sa fougue indépendante,
et de cacher sa lumière sous le boisseau. Le jeune
homme s'échappait de cette piscine de l'administration, tel qu'il en sort encore, fonctionnaire machine.

Mais où trouver des jeunes gens placés dans des situations capables de leur donner une éducation politique? Nulle part. Et comme la nature de notre gouvernement est plus forte que la routine du ministère, le résultat est que ce qui a de la valeur dans cette jeunesse, livrée à elle-même, se libéralise dans le sens d'une complète inexpérience des affaires et des hommes. Gare à cette génération qui nous apportera des théoriciens doctrinaires !

Nous croyons avoir épuisé ce qui concerne la guerre de M. de Villèle, et dessiné avec une haute impartialité la ligne d'attaque et de défense, en dehors et au-dedans des retranchemens du pouvoir. Nous n'avons ni omis, ni laissé sans réponse aucun des griefs ; et ces réponses plus ou moins valables en ont modifié soit le fonds, soit la forme. Mais, selon moi, le plus grave défaut de son administration, celui que personne ne me semble avoir observé, parce qu'on a cru y voir une combinaison inhérente au gouvernement représentatif, le voici :

Pourquoi le public, et à sa tête les journalistes (ceux-là surtout qui depuis la restauration, dont ils détestent le principe, n'ont eu depuis ce temps aucun de leurs organes avoués appelé au timon des affaires); pourquoi cette masse, qui à force de cris croit exprimer une opinion publique quelconque, accuse-t-elle M. de Villèle d'être un corrupteur, tandis que M. de Villèle se fait gloire de n'avoir nul recours à la corruption? Non-seulement on lui impute à crime d'avoir corrompu les élections; ce qui s'explique par le jeu des partis contraires , tous occupés à vicier dans leur intérêt, et dans des vues opposées, la source même des élections; mais on lui reproche d'avoir écarté de leur route véritable les députés de la nation, de les avoir écartés de la surveillance qu'ils doivent exercer sur la gestion ministérielle. Le gouvernement voulait une majorité à toute force; et dans la bouche de ses adversaires , préfet, député ministériel , homme gagné à force d'emplois et de faveurs, sont devenus synonymes.

Il est vrai que les mêmes accusations ont retenti contre tous les prédécesseurs de M. de Villèle indistinctement. Mais le journalisme a redoublé de fureur lorsqu'il s'est agi d'accuser son ministère. A l'en croire, ce système aurait été poussé par le président du conseil jusqu'à ses dernières limites , employé dans ses dernières conséquences. Que de questions se présentent à la fois? Le chef du trésor a-t-il été réellement corrupteur, ou ne l'a-t-il point été? Ou bien ne l'a-t-il pas été comme il fallait, et sa corruption n'a-t-elle pas été portée assez loin? Ou doit-on croire que le gouvernement représentatif, tel que l'interprètent indistinctement toutes les majorités, soit la source véritable de ce système de corruption?

MM. de Villèle et de Corbière se font gloire d'avoir purgé les administrations de pensions et de sinécures. Pourvus de belles et bonnes dotations par Bonaparte et la restauration, et souvent sans aucun prétexte apparent, certaines gens de lettres ont perdu cette heureuse abondance. Dans un état que gouvernent de graves esprits et de hautes pensées , il n'y a rien de bien important dans la colère ou le bon plaisir d'un vaudevilliste , ou même d'un homme d'académie ; dans les menaces ou les caresses d'une plume toute prête à se tremper dans le miel si on la dore, dans le fiel si le pouvoir lui refuse un tribut. Aussitôt après cette expédition, tous ceux dont on s'était débarrassé, soit comme infectés de Chateaubriandisme , ou comme soupçonnés de ne pas posséder le degré de souplesse nécessaire , ou pour tout autre motif, se sont déclarés purs , indépendans , voire même incorruptibles. On eut le grand tort de mettre en avant les censeurs et les écrivains ministériels , après avoir ostensiblement repoussé la vénalité dans une majorité d'hommes de lettres ; force épithètes , plus sanglantes les unes que les autres , tombèrent sur ces pauvres diables , qui ne trouvèrent guère moyen d'échapper à ce déluge. Si l'on ne pouvait se passer absolument de parasites et d'encomiastes , pourquoi chasser les talens en ce genre , et ouvrir les bras aux médiocrités?

Parce que le pouvoir est opiniâtre , et qu'il est en même temps incertain. Opiniâtre, il brise ce qui lui fait obstacle. Incertain , il ne saurait s'accommoder d'esprits également opiniâtres. Nous avons vu à quoi tient le défaut de système chez M. de Villèle. Il accueille naturellement et de préférence ce qui n'a point d'empreinte originale. Il lui faut une surface plane et docile , sur laquelle il puisse tracer ou effacer ses chiffres ; c'est l'ardoise économique, que la main du géomètre effleure , libre de détruire en un moment le résultat de ses calculs : cela épargne et le papier, et le cuivre, et le burin. Quelque corrompu que vous supposiez un homme de tête, il a nécessairement son inflexibilité : car il a une opinion à faire valoir, un sentiment à exhaler. Qui croira que l'or a la vertu d'éteindre tout amour-propre au fond des cœurs? Ce serait étrangement méconnaître la nature humaine. Les capacités médiocres, au contraire, trouvent bien vite le moyen de se satisfaire. Aussi le ministère est-il enclin à ne leur demander que de la facilité : quant à la profondeur, il s'en charge.

Ce qu'on appelle corruption dans les élections de France ne ressemble en rien à l'influence du ministère en Angleterre. Dans cette terre classique de la liberté, le gouvernement même est une faction, reconnue telle par la loi. Il est whig ou tory, dans des nuances ou des combinaisons diverses : jamais il n'est purement ministériel. La jurisprudence anglaise défend la corruption sous des peines sévères; mais elle prend sa revanche dans la pratique. A cet égard les partis opposés rivalisent de finesse et de ruse. Ils ont leurs hustings d'un côté, leurs bourgs-pourris de l'autre, où tout ce décide. C'est une brigue audacieuse, nécessaire, même dans les égaremens où elle semble insultante pour la raison humaine.

En France, le gouvernement n'est pas faction et ne peut l'être. Il n'est ni whig ni tory, et se garde bien de proclamer ouvertement sa brigue. Si le pays n'eût pas été divisé dès l'origine, et d'une manière ineffaçable, sur la question de la dynastie et des institutions nécessaires à la monarchie, certes le gouvernement, en se mêlant d'élections, serait coupable. Les états généraux ne se recrutaient point par l'intermédiaire d'agens ministériels. Mais tout a changé; de trop profonds déchiremens ont survécu à notre révolution pour que le gouvernement ne cherche pas' à influencer les élections dans un sens ministériel ou central. C'est ce que MM. Decazes, de Richelieu, de Villèle, ont senti tour à tour. Les partis n'ont pas voulu comprendre cette nécessité; tous ont été également hostiles au centre, pris dans diverses combinaisons, à gauche, à droite, mais inévitablement odieux. Le tort d'un ministère ne serait pas là; il serait en faute s'il employait d'illégitimes empêchemens, s'il commettait des faux matériels, crimes prévus par la législation, et qu'il ne se faudrait pas contenter d'avancer, mais de prouver.

Ainsi je mets de côté la question de fraude, et j'avoue que si le moment était arrivé où les partis, comme les whigs et les torys anglais, convenant de certaines bases communes et inviolables, pourraient sans danger saisir le pouvoir même, alors il serait désirable que le ministère abandonnât les partis à leur libre jeu. Mais tout en faisant cette concession, je crois qu'on ne peut imputer à crime au ministère des efforts pour se constituer une puissance centrale au moyen des élections. Cette puissance serait isolée du joug des partis jusqu'à l'époque où leurs querelles, changeant de nature, ressembleraient aux factions de la vieille Angleterre. En temps de crise et de danger, qui s'interpose pour assurer la paix publique est louable, non coupable.

Une autre question se présente. A-t-on vu , depuis la restauration, un ministère intervenir avec grandeur dans les élections et proclamer hautement des principes que les faits de son administration ou de sa politique n'aient pas ensuite démentis? Ici les partis accusent encore M. de Villèle , et cette accusation se soutient ou tombe, selon le point de vue d'après lequel on apprécie la pensée qui dirige la politique de cet homme d'état.

On pourrait encore arguer que l'intervention du ministère n'a pas été largement entendue : comme l'ont prouvé les élections dernières et le repentir qui les suit. Certes, l'opinion des préfets serait d'un grand poids dans les affaires si l'on agrandissait leur pouvoir en lui donnant ce degré de liberté qui ennoblit , si l'on ne voulait en faire des machines à députés. Le système suivi a démontré que cette influence était nulle , que l'institution des préfets avait perdu sa véritable force morale, et n'était plus que simplement administrative. Si l'on eût écarté des partis tout ce qui, dans un sens ou dans un autre, tendait vers une faction exagérée : si l'on eût accueilli de tous les partis ce qui est élevé et par conséquent généreux , ce qui leur sert de base et ce qui est solide , on eût acquis au profit du gouvernement une masse d'hommes qui lui est devenue hostile. Le tort, à cet égard , le tort, comme nous espérons le démontrer, était de poursuivre la majorité. Alors il ne s'agissait plus de peser les voix , mais de les compter. On voulait un écho multiple, qui se répercutât à l'infini. On voyait des embarras dans une certaine mesure de force, unie à la conviction d'une juste et honorable indépendance.

La question des élections tient, comme on peut le voir, à celles des administrations. Ayez une hiérarchie de fonctionnaires dont l'autorité puisse se consolider sur des bases larges, sans qu'ils deviennent positivement des créatures ministérielles, vos élections ne seront point dominées par des factions contraires. Autrement le système adopté portera infailliblement ses fruits. C'était à vous de former cette école administrative qui vous a manqué de toutes parts.

Jusqu'ici j'ai facilement justifié le gouvernement du reproche de corruption, si l'on entend ce mot dans un sens purement littéral. Il y a une corruption plus subtile, celle que l'on a reprochée au ministère Walpole, faussement reprochée au ministère Villèle, différent par son caractère, et surtout par ses antécédens. C'est un système de népotisme fondé par un accaparement de places, en faveur de la majorité ministérielle. Telle est, nous ne saurions le nier, la plaie du pays. Mais cette plaie, M. le président du conseil ne l'a ni faite, ni envenimée. Dès long-temps l'habitude en était prise. Elle était dans les allures du pouvoir depuis le développement d'un système de chambres, à la seconde restauration.

Admettez-vous que pour gouverner dans le sens des institutions concédées par la charte, une majorité doit être d'avance acquise au pouvoir, quel qu'il soit, et le suivre aveuglément, docile à toutes ses volontés? Il faut dès lors, par tous les moyens, se mettre en possession de cette majorité; et nul moyen n'est plus efficace que les pensions, places et faveurs. On a fait grand bruit de ce que les députés encombraient tous les bureaux du ministère de l'intérieur, et venaient y accumuler des recommandations sans fin. Ainsi, disait-on, la faveur faisait négliger le mérite, et tout pliait devant l'influence d'une boule du centre. Au fonds, le gouvernement et les députés n'étaient point coupables. La doctrine sur laquelle ils s'appuyaient, seule était vicieuse. Dès que le ministère est convaincu de ne pouvoir gouverner qu'au moyen d'une majorité préalable, il serait insensé à lui de ne pas rechercher toutes les occasions d'en satisfaire les plus frivoles caprices. De même, si les députés croient qu'il est dans l'ordre que leurs votes appartiennent au ministère, pour que celui-ci fasse les affaires des bons amis qui le soutiennent, il y aurait folie de leur part à ne pas exploiter cette doctrine. Or, tous les partis l'ont prêchée sur tous les toits; tous ont fait valoir cette majorité sur laquelle repose, faute de mieux, le ministérialisme des chambres; et le journalisme même, en dépit de toutes ses colères, n'a fait que servir en cela d'écho fidèle au ministère même.

Sous M. Decazes surtout, et un peu aussi sous M. le duc de Richelieu, alors que l'effervescence des partis était si grande qu'à peine libéral et ultra pouvaient s'aborder sans se foudroyer du regard; alors que, prêts à s'entre-déchirer, l'on voyait la *Minerve* et le *Conservateur* frémir dans toute la fureur d'une inimitié implacable; le ministère courait à la piste d'une majorité, plus ou moins en dehors des deux partis : c'était ce que l'on appelait, dans le style ignoble d'une haine facétieuse, des ventrus : gens sans doctrine, et qui n'avaient qu'une pensée et un but, les emplois. Encore doit-on observer cette différence, que sous M. Decazes le ventre justifiait son titre, et, purement central, se montrait, pour ainsi dire, dans toute sa rotondité. Sous M. de Richelieu, au contraire, il se rattachait à un centre de droite, et déjà il abordait la masse du parti royaliste proprement dit. Mais lorsque cette masse elle-même atteignit le pouvoir avec M. de Villèle, ou en sa personne, les ventrus disparurent. On ne parla plus que de royalistes ministériels dans le langage de la contre-opposition : nommés simplement royalistes, dans l'idiome plus expressif du libéralisme, ce qui répandit une défaveur générale sur le parti, considéré comme parti.

Ces ministériels si déterminés ne me sont pas personnellement inconnus, et je dois déclarer qu'il n'y avait guère de gens plus honnêtes. Mais leur position, mais les injures qu'on leur adressait, c'est à quoi ils ne comprenaient absolument rien. Que ces injures fussent, en plus d'une circonstance, fort peu méritées, ce n'était point là la question. L'on savait que leur ministérialisme seul était ou devait être pour eux une source de grandes faveurs ; c'en était assez.

Ainsi s'écoule un temps précieux, infini, dans des combinaisons mesquines, où peut briller une grande finesse, mais où se perd la réputation d'homme d'état. Le gouvernement, forcé de commander à une majorité, se ravale à l'état de coterie, et laisse ses adversaires grandir comme faction. Il se plaint de l'immoralité de cette combinaison singulière qui réunit deux partis adverses contre un tiers-parti, et leur fait engager sur son cadavre un combat à outrance. En quoi il a raison. Il démontre comment, sans ce tiers-parti, les deux partis extrêmes seraient depuis long-temps aux prises; il a encore raison. Mais il doit accepter, comme conséquence du gouvernement représentatif, les inconvéniens que lui-même a provoqués comme dérivant de ce gouvernement. Avec un système de modération large et généreuse, en recrutant tout ce qui est honorable, et sans recueillir ces servilités ou plutôt ces complaisances, preuves, non d'immoralité absolue, mais d'incapacité politique et de médiocrité intellectuelle : le ministère n'eût pas vu les factions se dessiner devant lui dans l'attitude d'une altière, bien que trompeuse indépendance. Une faction n'est au fonds qu'une coterie grandie par l'audace de ses chefs. Si la coterie est dans le gouvernement, la faction est dans le peuple : l'histoire vous crie cette vérité dans toutes ses pages.

Avec une coterie pour majorité, l'on perd bientôt tout point d'appui populaire ; l'expérience le prouve. Je conçois que le gouvernement doive appartenir à la minorité, et je dirai bientôt pourquoi le commandement n'appartient qu'à elle. Elle peut, pourvu qu'elle soit forte, intelligente, capable, non s'isoler de la masse de la nation, mais la dominer. Tel du sein d'une nue profonde, le Seigneur d'Israël guidait au désert son peuple ohoisi. Pour régner sur les hommes, il faut être placé sur les hauts lieux : jamais peuple ne voulut d'un gouvernement sorti des marécages. Au fort de la révolution même, les tyrans, pour se faire pardonner leur origine, étaient obligés de se grandir de toute la hauteur de l'échafaud. Hommes de gouvernement, que votre poste soit élevé, non pour opprimer et repousser durement vos semblables, mais pour les accueillir avec plus de grace ; que la minorité qui vous environne soit celle des lumières. Bientôt vous gagnerez la majorité nationale.

Les hommes qui, dans tous les lieux, dans tous les temps, constituent, sous une forme ou sous une autre, la force centrale, non des gouvernans, mais des gouvernés, ont avant tout besoin de sécurité, de repos. Que ces hommes entrent en majorité dans les chambres, soit ; mais qu'il y ait concurrence suffisante de hauts talens, de nobles indépendances. Gouverner n'est pas leur lot ; le conseil même ne leur appartient pas essentiellement ; mais ils soutiennent. Vous les aurez de toute manière, sans vous en embarrasser spécialement ; sans vous les mettre sur les bras ; sans leur prodiguer emplois et faveurs. Leur inclination même les porte vers le gouvernement. Si par hasard on les voulait de préférence, par haine de la liberté, par mépris et méconnaissance de la nature humaine, il n'y aurait plus rien à dire. Ce serait, non une méprise sur la nature du gouvernement représentatif, mais une intention perverse, que nous sommes loin d'attribuer aux ministres.

On trouve dans les hautes classes sociales bien moins

d'hommes réellement corruptibles , dans le sens énergique et complet de ce mot, que l'on ne pense en
général. Leur intégrité, plus ou moins pure, comme
la vertu de beaucoup de femmes, est moins le fruit
de leur inclination ou de leur force morale , que celui
de leur éducation, qui s'oppose aux progrès du vice.
Pour qu'une grossière corruption puisse infecter les
hauteurs de la société, il faut que la gangrène du Bas-
Empire ait gagné tout le corps politique et civil :
nous sommes loin de cet état; il y a dans le peuple
trop d'énergie, dans la société trop de mouvement.
Seulement, comme les besoins des classes inférieures
s'accroissent avec le luxe des grands, il naît de ces
désirs de bien-être et de jouissances une certaine bassesse honteuse dont les polices se recrutent. Il y a
même dans la vénalité attribuée à quelques hommes ,
moins d'infamie que l'on ne croit. C'est plutôt un accord des facultés naturelles de leur entendement,
avec le desir d'une vie tranquille et heureuse, propre
à un siècle où le patriotisme s'efface et disparaît
de toutes parts , pour faire place au cosmopolisme.

Quoi qu'il en soit, les gens qu'on peut acheter par
des places sont encore de trop. S'ils appartiennent
pour le talent au commun des martyrs, pourquoi leur
rien accorder? Gouvernez-les, c'est tout; leur penchant suffit pour les assujettir au pouvoir. Si le talent
et l'infamie les distinguent, non-seulement le pouvoir
se décrie par cette alliance; mais il peut être sûr de
leur trahison, au moment propice qui leur offrira

l'occasion d'embrasser l'autel de nouveaux dieux, et de prendre une attitude d'indépendance.

La véritable majorité, cette majorité d'élite nationale, qui doit être l'objet de l'ambition d'un gouvernement, ne s'obtiendra que par l'aveu franc et sincère de doctrines fortes et d'un système largement entendu, commune et noble bannière, point de ralliement autour duquel puissént se ranger les besoins supérieurs de notre nature, les facultés de l'esprit, les forces morales et intellectuelles. Pour mettre un pareil système en mouvement, il faut joindre à la capacité pour les affaires, talent que les hommes sans préjugés ne refusent pas à M. de Villèle, une certaine élévation de vues. Ce qui lui a manqué, c'a été de dominer les intelligences. Voilà aussi pourquoi l'élite de la nation n'a pu se grouper autour des faisceaux de sa puissance. C'est par la mesure, la sagesse, l'étendue du commandement, que l'on impose aux masses. Maître d'une telle action sur les esprits, on peut bien provoquer des luttes, mais on est assuré de la victoire; surtout si l'on ne s'aveugle pas sur la route qu'il faut suivre, et que l'on se contente d'essayer ce qui est possible.

L'expérience, non du moment, mais des siècles, les grands renseignemens de l'histoire soutiennent ma théorie. De cette manière, le gouvernement, échappant à des voies étroites et mesquines, aborde une sphère de grandeur. Que la majorité ne vous embarrasse pas : créez, consolidez une opinion. La force des choses vous entourera d'un parti qui s'enorgueil-

lira de tout l'appui dont vous le fortifierez. Il y a dans
la force une puissance d'attraction qui appelle la
force : il ne s'agit que de les mettre en contact, sans
rien interposer.

S'inquiéter de la majorité , c'est encore sacrifier
l'ensemble aux détails. Paris seul avait le privilège
d'occuper les ministères précédens : toute leur attention était absorbée par la capitale. Le gouvernement
actuel, sans avoir constitué des intérêts provinciaux ,
ce qu'il ne pouvait faire, montre une tendance évidemment provinciale. Ces dispositions si contraires
sont également fautives.

« Paris , disent avec amertume les royalistes de province , est la ville cosmopolite , toujours avide de changemens. C'est elle qui donne le ton à la France , et
même , assure-t-on , à la haute société européenne ,
dont l'élite vient se faire initier aux mystères de ce
temple de la mode. C'est sur la capitale que tous
les avantages s'accumulent ; les provinces lui sont,
immolées impitoyablement : et c'est là cependant que
vit encore l'esprit monarchique. Là se trouvent ,
avec de vieilles mœurs , d'antiques et respectables dévouemens. » Ce raisonnement, qui a son côté moral,
est dicté, on ne peut en disconvenir, par une jalousie
mesquine, aveugle sur les possibilités. Dans cet ordre
de civilisation qu'ont fait naître tant d'élémens contradictoires et dissonans, les capitales ont survécu
aux provinces , dont elles ont dévoré les existences
indépendantes. Tout, depuis deux siècles, afflue vers
le chef-lieu du gouvernement. Si ce mouvement a

été plus rapide en France que partout ailleurs, c'est que la France est le pays d'Europe qui a le plus complètement subi le niveau de la monarchie absolue : cause qui seule suffit à expliquer la violence avec laquelle les principes démocratiques ont éclaté dans son sein. Qu'on ne s'étonne donc plus si l'opinion ne réside qu'à Paris, et si de cette reine des cités du siècle émane l'esprit public qui va embraser les départemens.

Paris est aujourd'hui la piscine commune, à laquelle vont aboutir, par mille canaux, les lumières de la France, qui s'y modifient et s'y assimilent. Substance infiniment subtile, gaz pour ainsi dire aérien, elles se distribuent ensuite dans mille et mille canaux, qui partent de la capitale, et aboutissent aux extrémités les plus éloignées du royaume. A Paris réside cette unité démocratique de doctrines qui détruit la vie locale pour présenter à chaque hameau une image de la vie nationale : non, il est vrai, de cette vie nationale du passé, animée d'un patriotisme historique, mais d'une existence sociale parisienne, qui rappelle celle de toutes les grandes capitales de l'univers. Les lumières y sont en commun : rien ne les caractérise dans le sens historique de tel pays ou de tel autre. De Pétersbourg à Calcutta, de Londres à Philadelphie, de Lisbonne à Rio-Janeiro : sous toutes les latitudes, Madrid, Naples, Paris, Rome même, Vienne, Munich, Berlin, Copenhague, Stockholm, possèdent le même langage, la même civilisation, à quelques nuances près. Là, règne le cosmo-

polisme ; et l'on y retrouve bien peu d'élémens français, anglais, germains, italiens, espagnols, danois,
suédois ou russes. Telle est la marche actuelle du
genre humain. Comme le serpent dépouille la peau
qui l'enveloppait, il rejette aussi son antique dépouille, ou du moins il tend constamment à se défaire de son passé.

Comment arrêter ce cosmopolisme? Qui remontera
le fleuve des âges? Ne voyez-vous pas qu'à son em-
bouchure il forme aujourd'hui comme un océan immense, dont la surface est plane, et au moyen duquel tous les hémisphères s'unissent? Contentez-vous
d'assurer les droits réels de la province, d'empêcher
qu'elle ne soit absolument anéantie, et que la France
ne devienne la maison de plaisance de Paris.

Il est une erreur scandaleuse : c'est qu'un grand
peuple semble ne plus trouver aujourd'hui de centre
commun que dans un chétif système d'industrialisme.
La banque est maîtresse de Paris, de Paris reine de
la France. En fait de science, on n'écoute que la
physique, décorée seule du nom de *positive*. Positive! Quand on l'appuie sur une hypothèse ridicule
et misérable, sur une doctrine épicurienne des molécules, sur un matérialisme déhonté! Dans les
corps organisés, on n'étudie plus que la matière. On
n'y voit pas la merveille de la création. Aussi les
mains les plus savantes ont-elles beau toucher et re-
toucher les corps : ce cadavre les trompe, et l'existence réelle, la vitalité, leur échappent. Ce n'est pas
contre un système de lumières qu'il faut s'armer : ce

n'est pas la physique ni l'industrie qu'il faut redouter : mais les sophismes de l'esprit qu'il faut combattre; mais l'appauvrissement des intelligences qu'il
faut prévenir. C'est là le point important.

Le remède d'un si grand mal, il faut le demander
avant tout à la capitale. C'est dans l'immense trésor de
ses richesses , de ses talens, de ses connaissances ,
qu'un gouvernement bien entendu doit chercher un
premier, un salutaire contrepoids. Qu'il relève l'é-
clat de la cour, non par une pompe vaine , mais par
l'importance politique de la pairie: mais par un haut
patronage exercé sur les sciences , les lettres, les
arts; patronage qui associe les courtisans aux plus
nobles travaux de l'esprit, comme ils doivent s'associer aux grands débats de leur patrie. Que ce ne
soient plus des machines à représentation, des futilités dorées, mais des hommes. Un gouvernement
sage sait obtenir ces résultats, en faisant distribuer
au mérite ses récompenses, en excitant la noblesse
de la conduite, la grandeur de la pensée. Que le
courtisan devienne enfin l'homme de son pays, un
homme utile : il ne jettera que plus de splendeur sur
le trône et sur le monarque.

Certes, l'industrie fut, dès l'origine du monde, un
des leviers les plus puissans de la civilisation. Deux
sectes se sont formées de nos jours : l'une de monar-
chistes purs, qui rendent, avec M. de Bonald, un
hommage exclusif à la possession rurale , seule gar-
dienne des mœurs suivant eux , ainsi que de la stabilité des institutions, des vertus domestiques et du

patriotisme. L'homme se voit forcé, par les travaux de
l'agriculture, à circonscrire son activité en de certaines limites : or, ce qui est limite convient à notre
nature terrestre, si bornée en elle-même. L'illimité
est dans les cieux. Là, est une autre patrie, vers laquelle l'énergie religieuse doit nous élever, sans nous
égarer jamais dans le vague : il faut que le culte, en
se précisant, se rattache de la manière la plus étroite
possible à notre nature terrestre. Sans méconnaître
l'universalité de la religion, cette école la localise
cependant autant que possible. Elle en fait la religion
du foyer paternel, du hameau, de la province, du
royaume. Certes, il y a dans cette conception quelque chose d'antique, de pur, de profondément senti :
elle ne deviendrait fautive que si l'on se méprenait
sur le caractère de l'époque, si l'on voulait rattacher
l'homme à un seul point du sol, dans une époque où
il se sent attiré vers l'universalité du monde, appelé à
en prendre possession sous mille formes, au moyen
des ressources de l'industrie.

L'autre secte s'enivre, si l'on peut le dire, d'industrialisme. Elle voudrait convertir le sol lui-même en
fabrication, en marchandises. Il lui faut de petits
Grands-livres. Elle veut un système de crédit auquel
viendrait se rallier le villageois le plus borné dans
ses besoins et dans ses intérêts. La richesse, la puissance, enfin les lumières jaillissant de ces deux élémens; telle est l'ambition de la secte. Elle ne connait
point de bornes sur la terre. C'est en proclamant la
paix universelle, qu'elle envahit le monde. La mer est

son domaine : en revanche elle circonscrit autant
que possible la sphère des cieux. C'est notre nature
terrestre qui lui semble infinie, et non notre nature
idéale qui lui paraît bornée. La science, c'est la connaissance exacte des lois de la matière : lois singulières, puisque la secte même ne sait quel moteur
leur donner ; ces lois cependant ont besoin d'en avoir
un : quelles lois se font seules ? Elles réclament un or-
donnateur, une pensée commune, ou du moins l'influence et la communication d'une étincelle électrique,
d'une énergie divine venant animer la matière. C'est
précisément cette énergie qui ne s'est point révélée
encore à l'intelligence de la secte, assez ignorante sous
ce rapport, on doit en convenir.

Ces débats entre les agriculteurs et les industriels
font sourire quiconque a étudié les antiquités des
peuples. Dieu a donné à l'homme le sol qui le nourrit,
sur lequel il fonde une habitation et se gouverne d'a-
près le système de la famille. En ce sens, l'homme a
une patrie terrestre, circonscrite en de certaines
bornes ; mais le souverain maître, plus magnifique
encore, a cédé l'univers et ses richesses à l'enfant de
son amour. De là naît un mouvement double de concentration patriotique au dedans, d'épanchement cosmopolite au dehors. Aujourd'hui c'est le commerce,
l'industrie, ce sont les arts, qui font pencher la balance. Naguère leurs progrès étaient moindres. A certaines époques, la civilisation commerciale et la civilisation agricole étaient dans une harmonie complète,
et subsistaient ensemble sans se nuire. Mais il faut

prendre les temps comme ils se présentent ; l'homme ne peut les créer.

Oui, l'industrie renferme un certain mouvement d'égalité. Elle crée l'inégalité des richesses, tout en se fondant sur l'égalité des situations sociales. Elle est démocratique ou, si l'on veut, républicaine dans son essence. Son domaine est la cité ; la cité, qui ne nourrit ses habitans que par une sorte de supposition, en leur créant au dehors une patrie artificielle où leur activité s'emploie ; la cité enfin, qui ne possède pas cette nature stable qui caractérise le sol nourricier. Il est vrai aussi que l'agriculture exerce une certaine influence d'inégalité. Le sol, livré à lui-même, et lorsqu'il n'y a aucun principe de conquête féodale, se répartit avec une certaine égalité ; mais les besoins de domination se font bientôt sentir : l'inégalité des situations se développe d'elle-même. Les *anciens* de la campagne deviennent aisément seigneurs et pontifes ; sans qu'il y ait conquête, la force des choses suffit. Au contraire, les *anciens* de la cité sont naturellement des magistrats élus par le peuple, ou même des autorités religieuses, qui ont obtenu son suffrage.

Si de notre temps nous voyons l'ancien esprit patriotique s'effacer, et céder la place à l'influence de la cité, à son cosmopolisme, à la puissance industrielle, à la démocratie des mœurs, de manière à ce que tout équilibre soit rompu ; il faut, au lieu de chercher à réveiller un fantôme, courir au plus pressé, s'adresser à la cité même. L'homme, sous quelque costume qu'il se cache, sous la pourpre, sous les haillons,

t

est homme avant tout. Un élément commun et supérieur se retrouve chez l'industriel et l'agriculteur, et offre deux points de vue correspondans : c'est sa nature divine : c'est, d'un côté, le besoin intime de penser et de connaître, celui de la science, de la philosophie , de la sagesse céleste et mondaine ; et de l'autre, le besoin non moins profond d'aimer et de croire ; celui de la foi , de la religion , de la communication avec Dieu. Relevons donc et servons ces besoins , non pour faire la guerre à l'industrialisme et à son vaste appareil de connaissances physiques ; mais en faveur de cet industrialisme même , sachons mêler ces nobles besoins à la nécessité actuelle des choses. Un gouvernement sage et bien entendu ouvrira dans la capitale la plus large route aux spéculations de l'esprit. Il ranimera les sciences contre le matérialisme , honorera le philosophe, le poète, l'artiste, le jurisconsulte. On verra s'élever sous son aile des institutions scientifiques , reposant sur de larges bases.

Voulez-vous faire diversion à cette puissance d'absorption , caractère effrayant de la capitale de la France , puissance qui dévore, pour ainsi dire, à elle seule les forces morales de la patrie entière? Encouragez l'industrie des provinces. Sachez balancer le pouvoir industriel par les influences scientifiques, dont je viens de donner l'idée. Faites valoir le seul principe éternel , qui du passé puisse se transporter dans l'avenir des provinces : celui de la culture du sol , mis , non en opposition , mais en contact avec la puissance industrielle. Ne convertissez pas la terre en

marchandises ; n'établissez pas de *Grands-livres* en mi-
niature. Ainsi vous demanderez à l'époque ce qu'elle
peut vous accorder, sans essayer de refaire un passé
qui n'appartient plus qu'à l'histoire.

Peut-être est-ce un contresens que cette prétention
de maintenir des chambres nationales, dans un temps
de cosmopolisme universel. A la monarchie absolue
a succédé la république, à cette dernière l'empire ;
et une fausse apparence de patriotisme s'est mêlée à
tout cela d'une manière plus ou moins prononcée.
Dans toutes ces formes de gouvernement, il n'y avait
point de nationalité vraie, du moins si l'on entend
par là les antécédens des mœurs et la vie propre à
un peuple, en un mot ce qui l'isole des autres nations. Y a-t-il plus de nationalité dans un système de
chambre à représentation nationale? Nous en doutons, comme nous doutons du génie politique de l'é-
poque; ère de démocratie, où les distinctions se font
par les richesses et les talens beaucoup plus que par
les capacités politiques, c'est-à-dire par les grandes positions sociales, réellement indépendantes ; car on n'a
de capacité politique qu'en vertu de son indépendance :
elle dépend tout entière de l'aristocratie de sa position par rapport à ses semblables. Mille tribuns
ameutés et réunis, comme pendant la révolution,
ne constituent pas une assemblée politique. Il en est
de même des complaisances recrutées depuis la restauration. C'est encore un problème à résoudre
qu'une chambre vraiment indépendante, vraiment
politique par sa position. Jusqu'ici tout s'est opposé

à ce qu'elle se formât ; souvenirs d'ancien régime , antécédens de la révolution et de l'empire.

Quand bien même nous parviendrions, comme l'Angleterre, à obtenir des chambres placées dans une haute situation politique, elles ne réformeraient pas cette époque, qui appartient à un cosmopolisme d'industrie et de lumières. Il faut, non le contrarier, mais lui imprimer une direction utile, généreuse ; non combattre, mais prévoir et guider les destinées futures du genre humain.

L'industrie en elle-même n'est aucunement politique : affaire d'intérêt privé avant tout, elle n'exige de l'Etat, comme tout ce qui est intérêt privé , que la liberté pour seule égide. Rien n'est moins politique aussi que la sagesse expérimentale de nos physiciens qui tiennent leur matérialisme à honneur. Le chimiste n'a qu'un mot de ralliement ; c'est l'utile. Telle est sa seule devise, lorsqu'entrant dans la vie active, il applique la science à la vivacité des intérêts privés. L'homme qui fabrique ou analyse avec la cornue et l'alambic, n'est porté à s'intéresser ni à ce qui est grand par lui-même, ni à l'énergie de la pensée. Quant au commerçant, il occupe une sphère beaucoup plus élevée : frère du marin comme l'agriculteur est frère du soldat, il est citoyen du monde comme l'autre est citoyen du sol qu'il occupe. Si la terre cultivée est la base du patriotisme, la mer est le plus puissant véhicule matériel du cosmopolisme. Le marin est enfant du monde, le soldat est fils du pays. Socialement parlant, celui dont l'intérêt privé s'allie à l'intérêt de

tous a une bien plus grande force de cohésion politique que celui dont l'intérêt privé est spécial et exclusif. Je ne sache aucun physicien, aucun fabricant
qui, dans l'une ou l'autre de ces qualités, soient devenus hommes d'état. Il en est autrement du commerçant, comme le prouvent Florence, la Hollande,
une foule de villes antiques et modernes. On trouve à
toutes les pages de l'histoire la trace de ce que la
propriété foncière a enfanté, en fait de chefs de nations et de hautes capacités dans l'art de gouverner
les hommes.

Je prie le lecteur de ne pas me faire l'injure de me
prêter une absurdité gratuite. Certes, si la vocation
d'un homme est réellement politique, et qu'il devienne fabricant ou chimiste, ce chimiste ou ce fabricant seront hommes d'état. Mais ce ne seront point,
comme le prétend l'industrialisme entouré de son
escorte de sciences positives, leurs qualités de fabricant ou de chimiste qui leur assureront ce titre. Il
existe maintenant à Paris un orgueil qui se fonde
systématiquement sur l'industrialisme, et que l'on ne
trouve ni au même degré, ni avec la même force de
vanité théorique, à Londres ou à Philadelphie, à
Berlin ou à Vienne. On ne le trouve que dans ces
contrées qui, après des bouleversemens récens, se
reconstruisent sur le modèle de la révolution française. C'est là que règnent la physique et l'industrie,
réduites en doctrine orgueilleuse, en théorie exclusive de civilisation et de lumières. C'est à Paris que
le *Journal du Commerce* forme le vœu, si bien en har-

nomie avec ses doctrines, de voir le gouvernement passer aux mains des spéculateurs, et tomber à jamais de celles de ces fainéans dont la position est indépendante, et qui seuls, en vertu de cette indépendance, peuvent donner un libre développement aux facultés généreuses et vraiment politiques de l'intelligence. Sous Bonaparte, les mathématiciens aspiraient à la domination des affaires et des intérêts. Aujourd'hui, dans certains salons, ce sont les industriels qui la réclament. L'utile! s'écrie-t-on. Que l'idéal soit banni! Loin de nous la métaphysique! ce qui n'est que généreux et grand ne mérite que risée; l'esprit positif est seul raisonnable.

Nous avons signalé la religion comme le levier le plus puissant que l'on doive opposer à l'influence exclusive d'un industrialisme qui veut matérialiser jusqu'aux intelligences. Le catholicisme est ce qu'il y a de plus cosmopolite au monde. Il embrasse non-seulement le globe comme l'industrialisme, mais les sphères mêmes qui roulent au loin dans les cieux. Seul il contient le commencement, le milieu et la fin de ce grand drame du monde moral qui se joue au sein du monde physique et terrestre. La Genèse ou l'origine, le Messie ou le nœud, l'Apocalypse ou la fin des choses naturelles comme des choses humaines, embrassent la totalité de ce catholicisme. Qu'est-ce qu'une science profane isolée de cette intime connaissance des destinées de l'homme et de l'univers? Rien. Le profane n'est intimement vrai que lorsqu'il se retrouve dans le sacré. Nulle physique sans cosmogonie; nulle métaphysique sans Messie ; nul avenir sans Apocalypse. C'est l'accord parfait, le trio sublime dans ce grand édifice du monde moral et du monde terrestre qui en lie les parties essentielles. Détruisez cette harmonie, l'homme et la nature ne sont plus que cendres.

Là n'est point la difficulté. En vain, depuis l'origine des choses, de gigantesques nuages opposent leur masse et leur ombre au soleil de la vérité : elle en triomphe et les dissipe. Une plus grande difficulté s'élève dans l'Eglise. On ne veut pas de catholicisme, on ne veut pas de vérité : moins encore veut-on ce lien commun et universel de discipline institué par Jésus-Christ dans son Eglise. Inutiles efforts. L'Eglise prévaudra contre les portes de l'enfer.

Une question bien plus grave encore que celle de l'Eglise et de sa hiérarchie, considérée abstractivement, c'est celle qui a rapport aux pontifes eux-mêmes. Point de prêtres : tel est le cri général. Les nobles ont déja disparu ; que le sacerdoce tombe avec eux dans la nuit du passé. Il ne constitue qu'une gêne, une vexation. Tout père de famille est prêtre, ou doit le devenir comme aux premiers jours du monde. Ici les industriels se montrent plus tolérans que les philosophes : ces derniers haïssent, les autres se contentent de mépriser. Toute spéculation est pour les *positifs* un objet d'ironie ; ils n'exceptent pas même celles des sophistes.

Viennent ensuite ces hommes de diverses espèces, isolés de l'époque par leurs préjugés d'autrefois : parlementaires, gallicans, jansénistes, protestans ; mille personnages différens et en contraste : depuis tel pre-

mier président de Cour royale, jusqu'à la fille de
M. Necker ; depuis M. de Montlosier, jusqu'à M. Benjamin
Constant ; depuis MM. Lanjuinais et Grégoire, jusqu'à
MM. Royer-Collard et Guizot. Tous, par des raisons
opposées et avec des nuances infinies, voudraient, disent-ils, tenir le pontife étroitement bloqué dans son
temple ; l'y surveiller même, dès que ses fonctions se
trouvent en contact avec la vie civile, et le gêner de
toutes parts dans sa discipline. Plus d'un contre-oppo-
sant nourrit les mêmes pensées, animé soit par un Gallicanisme de conviction, soit par un Gallicanisme de
vieille monarchie.

Au milieu de ces circonstances d'une extrême gravité, nous aurons à combattre, comme on le verra plus
tard, et les ennemis du clergé, et ses surveillans, et le
clergé lui-même. Il est évident que ce dernier, dans le
monde nouveau qui s'ouvre à nous, marche sans guide et
sans boussole. Qu'il abandonne les tracasseries minu-
tieuses, ces vétilles, offensantes moins aux droits publics qu'au bon sens public ; misères soigneusement
enregistrées par M. de Montlosier. Faveurs ou intrigues
de cour, influences exercées sur les fonctionnaires,
menues pratiques pour captiver les bonnes ames, ter-
reurs imaginaires pour enrégimenter les faibles ; rien
de cela n'est opportun ; rien de tout cela n'est du domaine
religieux. Que le sacerdoce ne soit plus un métier :
qu'il devienne une vocation, un apostolat : qu'il s'at-
tache à connaître les masses de son siècle ! On veut
des lumières : que les chefs des églises apprennent à
les dominer. Cela vaudra autant que crier sans cesse

contre Voltaire. Les nécessités catholiques de l'époque sont : du positif de la part du clergé ; de la sainteté sous un point de vue général : enfin la science catholique dans un cercle plus spécial, composé d'hommes d'élite. Que le gouvernement montre le respect des croyances sans se mêler aux affaires et à la discipline ecclésiastiques ; voilà la seule protection qu'il ait à lui accorder. Si quelques hommes, par leurs forfaits, sont indignes du sacerdoce, que la justice civile s'empare d'eux. Le sacerdoce est une mission, une vocation, non un privilège.

Ainsi, que le gouvernement, tout en se pénétrant de la situation des affaires, se garde bien de conspirer avec l'industrialisme, et de tendre, de concert avec les fauteurs des doctrines physiques exclusivement matérielles, à la ruine des vérités morales d'ordre supérieur ; ce serait se rendre coupable de lèse-majesté humaine. Que signifie ensuite cette jalousie de nos provinces contre la capitale ? Sans appuyer sur la petitesse d'une telle manière de voir, ne trahit-elle pas les regrets stériles d'un passé à jamais évanoui ? Il serait surtout impardonnable à un ministère de ne pas deviner la hauteur de sa position et de s'enfouir volontairement dans un système de provincialisme obscur. Les talens, fils de toutes les latitudes, viennent chercher à Paris le centre commun, le sol de la science et de la politique, propre à développer leurs germes et les faire éclore. Sans doute la capitale est un gouffre où les talens s'engloutissent, et souvent meurent emportés dans le tourbillon de leur vanité bruyante. Mais c'est encore une raison pour que le gouvernement honore les vertus plus que les talens , et exige leur intime alliance. Faut-il pour cela foudroyer les talens , et lancer contre eux cet orage d'invectives que nous avons entendu jaillir plus d'une fois de la tribune de la défunte chambre des députés? Là l'ignorance a trouvé ses panégyristes avoués ; orateurs qui oubliaient que dans les temps de civilisation et de corruption où nous sommes, dans cette universelle maturité des esprits, l'ignorance ne serait plus une heureuse et énergique innocence , mais une incapacité brutale, toujours stupide et fatale, sous quelque forme qu'elle essayât de se cacher.

Oui, les talens ont montré une vanité délirante. Ils ont fait gloire , non de leurs actions , mais de leur plume : ridicule et triste pauvreté ! En général ils se sont beaucoup renchéris ; ivres qu'ils étaient de cet esprit académique qui s'escorte de coteries et n'encourage point les hautes, les fortes, les graves études. Il fallait leur montrer, non un dédain stérile et repoussant, né d'un esprit provincial du plus mince aloi , mais la noble et vaste carrière, ouverte au mérite réel.

Certes , personne n'est plus éloigné que moi de vouloir que la France soit sacrifiée à sa capitale, ni surtout que l'on immole aux exigences de l'industrialisme les intérêts de l'humanité. C'est une juste mesure que je réclame : c'est l'abnégation des préventions qui nous trompent. Si je regarde le libéralisme comme incapable de gouvernement, bien qu'il soit le moteur de son époque , c'est qu'il ne s'élève

jamais au-dessus de lui-même, c'est qu'il ne sort jamais du tourbillon qui l'entraîne. En vain nous offri-
rait-il ou un Bonaparte aux immenses dépenses appuyant un système de corruption, ou un président
des Etats-Unis avec un système d'honnêteté aux rétri-
butions modiques : ce qu'il nous faut à nous, c'est un
Roi de France, appuyé d'un cortège de forces politiques assez puissantes pour assurer l'indépendance de
notre avenir.

Si nous nous résumons sur l'administration de
M. de Villèle, nous trouverons qu'il lui a manqué une
doctrine entière, absolue, cohérente dans toutes ses
parties, et spécialement propre à son chef. La cause
de cette absence de doctrine, nous croyons l'avoir
trouvée dans les antécédens du caractère politique de
M. de Villèle, et surtout dans ce fatal système de
majorité, dont le double résultat est que le gouvernement, pour obtenir des votes individuels, s'abaisse
à des intrigues, et que les individus, en votant pour
le gouvernement, influent sur sa marche et contra-
rient la fierté, la liberté, la haute indépendance de
son allure. Le ministère est religieux et monarchique,
mais d'une manière banale, qui ne tend à rien vivifier
dans le double sens de la monarchie et de la religion.
L'administration aussi est constitutionnelle et ministérielle avec la même banalité de conduite sous les
deux rapports. Rien qui se dessine hardiment pour la
liberté ou le pouvoir. Dominé par ses antécédens,
par les devoirs de sa place, par les exigences de son
parti, le gouvernement est avant tout religieux et

monarchique ; comme il est, en vertu des nécessités du temps jointes aux devoirs de son poste, constitutionnel et ministériel. Son chef, homme intelligent, habile, a fait preuve d'une volonté très soutenue. Enfin le cabinet, dans son ensemble, ne mérite point les injures du journalisme, ni la haine des partis. Cependant l'absence d'une domination centrale sur les idées et les affaires l'a exposé à des avanies que nul gouvernement ne devrait souffrir et laisser impunies.

Il fallait sauver du naufrage des anciennes mœurs tout ce que l'on pouvait en sauver en fait de loyauté, de délicatesse, d'honneur, de bon ton, de chevalerie ; mais ne pas songer à replâtrer la société moderne au moyen d'institutions timidement renouvelées de l'ancien régime. C'est ce qu'a prouvé aux yeux les moins clairvoyans l'essai avorté d'une loi de substitution et de droit d'aînesse. Le moral et l'idéal peuvent se reproduire sous de nouvelles formes et dans les combinaisons du temps actuel ; mais reproduire le matériel est impossible. Avant tout, l'époque réclamait des vertus politiques très-prononcées, d'autres vertus que celles dont l'ancienne monarchie s'est fait gloire. Une probité inflexible jusqu'au stoïcisme, et surtout un emploi sans réserve de la publicité la plus grande, enfin la noble audace de rendre la vérité et l'administration pour ainsi dire synonymes. Ces doubles armes eussent été terribles pour les partis qui, jusqu'à présent, n'ont montré ni les vertus stoïques, ni cet amour de la publicité vraie qui ne s'obtient pas par la licence.

Toute la vérité, voilà aujourd'hui l'égide : c'est la seule finesse possible ; le *gros bon sens*, dans l'acception complète du mot, peut seul réussir. Seul il déroutera les partis en les forçant de quitter ce mensonge et cette licence qui leur servent de retraite, et où la conscience qu'ils ont de la faiblesse de leurs adversaires leur fait trouver un refuge assuré. Il est inouï combien d'inventions diverses sont sorties de l'arsenal des passions, des intérêts, des amours-propres et des ambitions ; combien d'armes menteuses ont été créées contre les ministères de la restauration, surtout contre celui de M. de Villèle. Cependant je suis encore étonné qu'en fait d'infamie on se soit arrêté là. Pourquoi se cacher devant les partis, comme si l'on n'occupait pas une position franche, avouée, comme si l'on avait en réserve quelque arrière-pensée de coterie, quelque bas-fond de politique secrète ? Comment ne pas voir qu'au gouvernement appartient toujours la force légale, nécessaire pour en finir avec les désordres semés sur ses pas ? C'est que la haine de toute publicité est l'ame d'un certain parti d'absolutistes qui croient faire du catholicisme avec le pouvoir et de la monarchie avec la censure. Ce parti s'est recruté de toutes les facilités ci-devant impériales qui se sont faites royalistes à la suite. Le gouvernement, sans partager dans toute son étendue cette haine de la publicité, s'est mépris sur la nature de la digue qu'il convenait d'opposer au débordement de la licence, et la France n'a cessé de se voir placée entre cette licence qui trahit la faiblesse de la multitude, et la censure qui trahit la faiblesse du pouvoir. Au contraire, la publicité vraie, force terrible, eût fait tomber les armes des mains de ses ennemis. Franchement attaquées, les questions eussent obtenu leur solution réelle; factions, passions, intérêts, eussent pâli devant vous. Un véritable courage politique a toujours fait reculer l'ennemi.

Vous vous plaignez que l'imposture, entretenue à grands frais par le journalisme, déconsidère le gouvernement; vous poursuivez de vos sarcasmes ce journalisme que vous nommez *maître de la France*, en le sommant de désigner ses ministres et de proclamer ses doctrines. Fort bien, vous avez habilement saisi le côté plaisant de la chose. Mais pourquoi n'usez-vous pas de représailles? Est-ce bon goût? Est-ce magnanimité? N'entrerait-il pas plutôt dans ce silence quelque chose de cette vieille aversion de la publicité que je, n'impute pas à crime au gouvernement, et dont je me contente d'accuser la masse des intérêts, des passions, des combinaisons de pouvoir et de coterie, réunie en bataillon, et s'agitant derrière le gouvernement? Ceux qui la composent sont charmés, dans leur folie, de la licence dont le gouvernement s'afflige. Ils voient bien qu'il lui faudra un terme, et la censure qu'ils espèrent offre à leurs projets un but et un moyen.

Vous dites que les journaux calomnient le pouvoir? Mais qu'est-ce qu'un journal? Un être abstractif, ou une manifestation de pensée appartenant à des individus réels? Si ces hommes existent, démasquez-les, nommez-les, examinez-les personnellement, individuellement , dans leurs antécédens politiques. Mettez au grand jour les intérêts de coterie qui les meuvent. Forcez-les à la franchise, et, jouant vous-mêmes cartes sur table, obligez-les à abattre de même leur jeu. Plus tard, en traitant des journaux dans un chapitre spécial, je développerai ces vues, dont je donnerai l'application.

Quiconque a la conscience d'une grande probité politique et s'élève avec courage au-dessus de cette foule de difficultés secondaires qui jamais n'offrirent d'entraves aux grands esprits, mais avec lesquelles les hommes qui ne sont qu'habiles se plaisent à lutter au grand détriment de leur temps qu'ils perdent, et sans profit pour le public ; quiconque, dis-je, a cette force, n'a besoin de ménager qui que ce puisse être, de caresser aucune faction, aucune coterie, aucune espèce d'intérêt privé. Sans doute, il est des ménagemens dont un gouvernement doit posséder le tact ; mais ces faux ménagemens, ressources de la timidité d'esprit ou de la finesse, n'ont rien de commun avec ceux que la justice ou la raison commandent. Jamais de capitulations avec le mensonge. Si vous vous taisez devant lui, il prend de l'audace et vous ne l'écraserez plus. Sommez-le de fournir ses preuves : vous le verrez se cacher sous la terre.

Sans doute, vos doctrines trouveront des ennemis. Ces ennemis vous seront utiles. Forcez-les seulement de ne pas mutiler vos paroles et vos pensées ; forcez-les d'établir franchement leurs doctrines. Cela est impossible, dites-vous. En ce siècle du sophisme, l'esprit de fourberie a trop de ressources. Erreur : ce que veut le pouvoir, il le peut. Entourez-vous d'un cortège de talens, d'honneurs , surtout de volontés fortes et solides ; bannissez la troupe vendue des rieurs, des plaisans, des bouffons, des panégyristes , claqueurs-jurés qui déshonorent leur maître ; choississez votre escorte , vous viendrez à bout de tout. Ceux qui ont livré bataille, et que n'effraie pas le choc de la mêlée vous en offrent la garantie. Sachez vouloir : sachez établir hautement les doctrines de tolérance , de liberté , de publicité , et que ces doctrines ne cachent derrière elles nulle arrière-pensée d'intolérance, de censure , de servitude.

CHAPITRE III.

Du ministère de l'intérieur.

Aujourd'hui , c'est l'administration qui presse la France de ses milliers de bras. Hercule gigantesque , elle enlace Antée, l'étreint et l'étouffe. La contre-opposition réclame une loi aristocratique des communes. La révolution veut les municipalités de la démocratie constituante. M. Fiévée cherche, ou plutôt il cherchait autrefois à concilier l'une et l'autre en faveur de l'aristocratie , qui devrait se charger, selon lui, de nous faire de la démocratie. M. de Barante, au contraire, voulait employer la démocratie à constituer l'aristocratie. Contradictions qui prouvent combien les meilleurs esprits peuvent se tromper sur le génie de leur époque.

Tout ce qui était local, provincial, communal, est éteint. C'est du passé ; cela n'a sa vie que dans l'histoire , dans un fonds de mœurs jadis subsistantes. On ne peut ni le décréter, ni l'organiser, ni le fabriquer. Avec l'aide de Dieu, et à la faveur des obstacles même que les hommes opposèrent à ses volontés éternelles , tout cela s'est fait à peu près de soi-même, par le concours des idées et des mœurs, qui n'ont pris forme de loi que plus tard, après avoir long-temps été coutumes. Allez donc, revenez sur vos pas, au-delà de votre berceau, au-delà de celui de vos aïeux, et reconstruisez les siècles si vous pouvez.

Me direz-vous qu'une si haute prétention n'est pas la vôtre, que le matériel vous suffit, un dilemme va se présenter. Ou, pour être conforme à l'esprit du temps, votre loi municipale sera révolutionnaire, *américaine*, si vous l'aimez mieux; c'est ce que les libéraux désirent. Ou elle se bornera à quelques changemens dans les formes administratives, changemens qui, je le veux bien, opposeront une digue aux excès de la bureaucratie, en la décentralisant dans les départemens : changemens enfin, qui ne constitueront ni un esprit de commune, ni un génie de province, et qui, utiles d'ailleurs, sont loin de valoir tout le bruit qu'on en fait. En dernière analyse, ce sera encore de l'administration, soumise au contrôle supérieur du gouvernement.

J'ai donc raison de dire que toute la France départementale repose aujourd'hui sur le ministère de l'intérieur, pour ne pas se trouver réduite à poser sur le sol mouvant de l'anarchie révolutionnaire, ou aussi pour maintenir dans l'état cette unité monarchique que la Charte établit. Lorsqu'il y avait vie locale, provinciale, nationale, ce mécanisme d'administration ne constituait pas l'unité; c'était le moral du pays, c'étaient ses mœurs, ses coutumes, ses idées qui la fondaient. Alors il y avait unité dans la diversité; aujourd'hui elle n'existe plus que dans l'uniformité.

Comment élever à une plus haute dignité morale ce mécanisme administratif? C'est par la hiérarchie même des fonctionnaires que l'on y parviendra, comme je l'ai prouvé ailleurs. Il s'agit de rendre leur tâche plus grande et leur caractère plus noble. Ayez la ferme volonté de ne plus avoir de créatures, d'éloigner les faveurs. Que l'administration soit une école où les talens se disciplinent ; qu'on y apporte plus que de l'administration ; qu'on ne soit fonctionnaire qu'après un stage., après des examens subis ; que le mérite reçoive des encouragemens relatifs à la portée de ce mérite même ; enfin, qu'on assure et que l'on fixe, autant que possible, les positions ; que le préfet, le sous-préfet, n'aient rien à craindre d'une destitution arbitraire ; qu'ils puissent prendre racine dans leur arrondissement ou dans leur province. Faire l'éducation des préfets, ce sera faire l'éducation de la France.

Dans l'état présent des choses, cette institution des préfectures, avec sa très-humble soumission aux ordres émanés de Paris, avec son manque total de caractère, avec cette absence d'individualité qui empêche tout préfet de prendre sur lui quelque responsabilité que ce puisse être, et qui fait qu'il a besoin de la volonté du maître pour agir en quelque circonstance que ce soit : cette institution, dis-je, est évidemment sans influence. Elle est manquée.

Tous ceux qui ont eu l'honneur d'approcher de M. de Corbière, savent que c'est un des hommes de

France les plus nourris de la substance, et, comme
disait Rabelais, de la saincte mouelle des anciens.
C'est aussi l'un de nos plus érudits jurisconsultes. Il
aime et il possède tous les trésors littéraires de ce seizième et de ce dix-septième siècles, si riches en hommes d'une forte trempe d'études, et surtout en magistrats, en hommes d'état, en diplomates. Plus tard,
j'aurai à revenir sur ce caractère lettré et scientifique
qui distingue M. de Corbière : j'essaierai d'en apprécier les désagrémens et les avantages. Ici, je me contente de le faire remarquer, dans ce qui concerne le
point de vue sous lequel il a envisagé l'administration
de son département.

Croirait-on que l'un des hommes les plus instruits,
les plus spirituels, et certainement les plus capables
du royaume; homme qui connaît bien son temps,
surtout dans ses rapports avec certains antécédens de
protestantisme, de philosophie, de doctrines parlementaire, janséniste, gallicane, et dans leur application plus ou moins éloignée à la révolution française;
croirait-on que M. de Corbière, pendant le cours de
son administration, n'ait fait servir ni à la direction
de l'instruction publique, ni à ses travaux intérieurs
(qui maintenant nous occupent exclusivement), le
vaste trésor de sa science et de ses connaissances? Il a
regardé le gouvernement, quant à la part qui lui en
revenait personnellement, comme une affaire de pure
routine; il s'est contenté de suivre, en les améliorant,
les erremens de l'administration ci-devant impériale.
Satisfaisant à tout ce que l'on pouvait exiger d'une

probité exacte et scrupuleuse: esprit d'ordre, esprit
d'économie, tels ont été ses guides; mais le génie
propre à M. de Corbière, la capacité, la science, l'intelligence, le caractère enfin particuliers et inhérens
à M. de Corbière, voilà ce qui ne s'est pas révélé pendant le cours de sa gestion.

Si quelqu'un semblait appelé à ennoblir l'institution
des préfectures, c'était lui. Il avait la conscience et la
philosophie du véritable jurisconsulte. Il ne manquait
ni de l'entente des affaires, ni de la capacité nécessaire pour mettre en œuvre, ni de l'obstination d'une
indomptable volonté. Cependant il n'a rien produit.
Etait-ce, comme ses partisans l'assurent, la faute de
son époque? ou plutôt serait-ce caprice d'un esprit
sarcastique et sévèrement enjoué comme l'étaient les
auteurs de la satire Menippée; le bon plaisir d'une
intelligence déjà éloignée de l'enthousiasme de la jeunesse et de la volonté de l'age mûr, et qui spectatrice
ironique de la vie qui s'écoule, se rit, dans une sorte
de vieillesse anticipée, avec un mélange de stoïcisme
et d'épicuréisme, des imperfections bizarres de la
nature humaine?

D'abord on doit avouer que l'esprit de M. de Corbière, quoique très-éclairé, n'est pas sans préjugés.
C'était un démocrate de l'ancien régime, un de ces
bourgeois goguenards du temps de la Ligue, qui, tout
remplis des beaux souvenirs de l'antiquité, persiflaient
les écarts du fanatisme religieux, et se révoltaient
contre l'altier orgueil des gens d'épée. M. de Corbière,
tout en comprenant très-bien plusieurs des condi-

tions essentielles de l'époque, est une espèce d'ana-
chronisme. Profondément dévoué à la monarchie, et,
en sa qualité d'érudit et de jurisconsulte, ennemi naturel de la tourbe ignare qui nous a bâti tant de
codes, et qui, sans savoir ce qu'elle pourrait édifier,
s'est amusée à faire table rase de l'édifice du passé, il
déteste la démocratie moderne. Nul rapport entre lui
et la démocratie du libéralisme; nulle alliance réelle
même avec cette fraction des doctrinaires qui, sous
l'administration de M. le duc Decazes, s'était rapprochée de lui. Il ne pouvait faire aucun cas de la philosophie écossaise, qui était pour lui une innovation. Ennemi
déclaré des absolutistes, ce ministre, plus que tiède
pour les ultramontains et les jésuites, plus qu'indépendant des considérations de cour et des allures du
faubourg St.-Germain, n'était cependant rien moins
qu'enthousiaste du gouvernement représentatif. Son
penchant naturel l'eût porté vers un régime de parle-
ment et de corporations municipales de l'ancienne
monarchie. Autour de lui rien ne lui allait absolument.

Cependant il se dévoua d'une manière qui lui fait
honneur. Comme il avait grandi dans les rangs de l'opposition auprès de M. de Villèle, il était le seul qui
pût instruire son collègue d'une multitude de choses
qu'ignorait ce dernier. C'est pour ne pas l'abandonner qu'il est entré dans le gouvernement. Dès lors il
a pris sur sa tête le devoir de constituer à M. de Villèle, au moyen de ses préfets, une majorité électorale.
Tel est l'unique sens dans lequel a été dirigée l'administration de l'intérieur pendant un laps de sept années révolues.

Sans doute il faut convenir que chez M. de Corbière, bien plus que chez la plupart de ses collègues, quelque chose du Breton et du provincial s'était conservé par entêtement de doctrines et d'habitude. Au fonds, M. de Villèle est devenu Parisi en à Paris, quoiqu'il ait gardé un léger souvenir des bords de la Garonne. Mais il paraît que, de toutes les provinces de France, l'ancienne Bretagne est celle où l'esprit d'indépendance subsiste encore avec le plus de vigueur, où le plus grand débris du génie provincial s'est survécu pour ainsi dire. Aussi une sorte de défaveur jetée sur la capitale, et une grande prédilection pour la province, constituent-elles à peu près les seuls caractères de l'administration de M. de Corbière. La province était le berceau de ces députés villélistes que Paris avait refusé de faire éclore : malheureusement le temps de la province était passé. Ce n'étaient pas les préfets, avec leur aversion pour les coutumes, les modes, les opinions parisiennes, qui pouvaient changer cela. S'il y a eu erreur de la part de M. de Corbière, c'est la seule qu'il faille lui reprocher. Le reste a été de sa part calcul résultant d'un dévouement d'amitié.

Le système de la majorité une fois admis comme condition absolue de l'existence politique d'un ministère selon la Charte, M. de Corbière a fait de l'institution préfectorale une machine à élections, destinée à frapper des députés, comme le balancier de la monnaie frappe les médailles à l'effigie du gouvernement. Dès lors on n'a plus vu les préfets que sous deux rapports : comme administrateurs, ou plutôt comme pre-

miers commis du chef de bureau central résidant à
Paris , et comme personnellement responsables du
choix des députés. Ainsi toute importance a été perdue
pour eux avec cette indépendance de position si nécessaire aux représentans de la majesté royale. Cette
haute situation ne leur a pas été accordée : on a eu
des commis , des buralistes , des routiniers : c'était
ce qu'on voulait. Nul préfet n'a osé rien assumer sur
sa responsabilité personnelle : nul n'a pu agir, et ne l'a
même dû, comme un homme chargé de fonctions ma-
jeures. Il a fallu à chacun le mot d'ordre arrivant de
Paris. A quelle considération , à quelle influence pré-
tendra jamais un pouvoir privé de toute liberté dans
ses mouvemens, et dont l'existence dépend tout entière du caprice d'un gouvernement? Pour avoir des
agens d'une certaine force morale, il faut que l'autorité leur accorde cette force , et ne paralyse point
en eux cette responsabilité qui résulte du sentiment
juste de leur valeur. Les élections ont assez dévoilé
les vices du système. On s'est avisé de demander tout
à coup une influence morale à des hommes placés dans
une situation qui les prive essentiellement de toute influence de cette espèce. Pauvres préfets! combien de
fatigues n'ont-ils pas prises pour faire entendre en
faveur du gouvernement une voix d'admonition électorale que les partis couvraient aussitôt de leurs clameurs!

Un homme de qui vous exigez une aveugle obéissance, que vous destituez sans façon si, dans le moindre
détail, il ne satisfait pas à vos volontés ou s'écarte de

vos doctrines, cet homme, dans les momens difficiles qui réclament le courage et la présence d'esprit d'un bon citoyen, ne saurait vous être d'aucune utilité. Cette maxime : qui n'est pas *pour nous* est *contre nous*, maxime facile à avancer, n'est point sans avantages, mais présente aussi de graves dangers. Certes, si l'ennemi vous presse et que vous ne puissiez le fléchir, il faut l'écraser : mais il ne faut pas renfermer ses amis dans un cercle étroit qui ne contient que les humbles esclaves de votre volonté, gens sans dignité, sans force de caractère. En fait de gouvernement, il faut toujours de la largeur et de la générosité dans les vues. Les hommes d'honneur ne s'achètent qu'à ce prix.

De tous les ministres de la restauration, M. de Corbière est peut-être celui que distingue le plus d'indépendance personnelle : s'il faut en croire les courtisans, il l'a poussée jusqu'au cynisme. Ses amis reconnaissent en même tems que sa vocation pour le pouvoir est médiocre, que son repos lui est cher avant tout, et qu'enfin le ministère de l'intérieur est précisément celui de tous les ministères qui sourit le moins à son imagination. Tout cela ne serait pas l'objet d'un reproche, s'il eût porté dans la fonction qu'il a acceptée la libre franchise d'esprit qui est de son caractère, s'il y eût favorisé cette indépendance qui s'associe au devoir : car je ne parle pas de cette facile indépendance des salons, des coteries, dont on fait honneur aux factieux et aux libellistes, que le premier venu s'attribue, et dont on voit les plus serviles se revêtir comme à plaisir pour en tirer parti, si l'administration change. M. de Corbière, en exigeant des fonctionnaires soumis à ses ordres la sévère discipline, la tenue d'obéissance passive du militaire, les a rendus par là même inhabiles à se pénétrer de l'individualité de son esprit, de ce qui chez ce ministre constitue la force de la pensée, l'unité de la volonté.

Le vice radical de l'institution des préfets, ce qui leur a ôté la puissance et la dignité, c'est qu'on les a surtout envisagés comme les instrumens, et, en un très-petit nombre de circonstances, comme les associés du pouvoir. L'administration étant une routine qui ne va qu'à force de bureaux, chaque parti a voulu tour à tour récompenser ses créatures. On n'était préfet sous Napoléon que sous la condition expresse de bien organiser la conscription. Sous M. Decazes, il fallait surveiller les libéraux et calomnier les royalistes au profit d'une pépinière de jeunes auditeurs, grandis sous la livrée impériale et chargés de constituer en France la doctrine du juste milieu. C'est avec ces royalistes de place que l'on espérait ensuite faire de l'esprit public. De tous les ministères, celui qui tourmenta le moins les préfets, et laissa les choses reposer le plus sur elles-mêmes, fut peut-être celui de M. de Richelieu. A l'avénement de M. de Villèle, tous les dévouemens de l'opposition de droite dans les deux chambres, toute la troupe des scribes anti-ministériels d'autrefois, réclamèrent leurs récompenses. M. de Corbière, homme très-rigoureux dans l'accomplissement de ses devoirs, et très-entêté dans le même exercice, fit, de ces dévouemens de chambres et de journaux, un épouvantable massacre. Malheureusement il fallait choisir : la cour avait ses exigences, l'esprit de parti en présentait davantage encore. Mais les besoins d'une majorité en faveur de M. de Villèle se firent sentir, et il fallut céder. Dès-lors l'administration de l'intérieur ne fut plus qu'une succursale de la chambre des députés!

En vain M. de Corbière s'est plaint hautement de cette manie de vivre aux dépens du gouvernement, de cette avide fureur qui précipitait les royalistes vers les places : il a eu beau élaguer les branches parasites du journalisme et se moquer de ces dévouemens qui réclamaient un salaire : son administration a failli par le côté que le ministre regardait en son ame et conscience, et n'avait point tort de regarder comme spécialement invulnérable. Cette nomination de préfets, qui avait long-temps appartenu aux faveurs de cour, de ministère ou de parti, finit par échoir en apanage aux caprices, aux intérêts, aux exigences, aux volontés même des députés. Et quelle nullité que celle du rôle des préfets dans leur département! Etaient-ils à Paris; leurs maîtres les députés les éclipsaient. Dans la province, ils s'effaçaient bien plus complètement encore devant ces puissances. Faveurs, privilèges, concessions, épices, administration, que n'obtenait-on point par député? Les plus honnêtes gens du monde étaient devenus les plus grands demandeurs, moins pour eux-mêmes, il faut le dire, que pour des parens plus ou moins éloignés, que pour les électeurs qui les avaient choisis : souvent aussi, dans la bonté de leurs ames, pour tout le monde.

Une réforme est exigée pour cette institution des préfets, qui peut devenir très-utile à la France et fortifier cette autorité dont l'absence se fait sentir sur tous les points du royaume. Si nous avions un esprit local et provincial, s'il existait des mœurs, des institutions anciennes, j'invoquerais la destruction définitive des préfectures. Mais maintenant, pour sauver les esprits de leur propre anarchie, il nous faut des hommes, de ces hommes qui comptent, qui ont une valeur ferme et intrinsèque : administrateurs habiles et probes, capables surtout de s'emparer des idées, de les ennoblir, de les diriger, de les élever ; assez généreux pour se débarrasser de tout esprit de parti, et se dépouiller de ces petites colères administratives, de ces minces préjugés de bureau dont nos fonctionnaires sont encore remplis. Ces hommes, la France les réclame ; ils sont une nécessité de son existence, et l'on peut encore les trouver.

Charlemagne, qui vivait à une époque d'anarchie vigoureuse, devint fort entre les forts, grand entre les grands, en doublant sa force par celle des agens du pouvoir. Son institution des *missi dominici*, préfets de son temps, rétablit les affaires de ses peuples. Non qu'il pensât que cette institution dût rester en vigueur, mais il sentait qu'elle était devenue un besoin de l'époque ; et avec elle il commença une nouvelle ère de gouvernement pour les nations. On ne voit jamais le même établissement se reproduire sous même forme dans l'histoire. Cette dernière nous est donnée comme leçon vivante où nous puissions étudier l'homme et ses destinées sur une grande échelle.

Dans la carrière publique de M. de Corbière, tout
semble anomalie. Familier avec la littérature classique,
profond dans l'antique science des jurisconsultes ,
explorateur intelligent des trois derniers siècles et de
leur philosophie ; témoin du drame de notre révolution, il avoue un mépris extrême pour cette tourbe
de prétendus gens de lettres qui , sans vocation , sans
pensée, sans savoir, artisans frivoles de beau langage,
passent leur vie à manier la phrase avec plus ou moins
d'esprit et d'élégance , et s'écrient impudemment :
nous sommes les flambeaux du siècle. Que ce ministre,
agrandissant la sphère de son dédain, y ait fait entrer
la foule de nos écrivains politiques, cela se conçoit
aisément. Il y a quelque chose de triste et honteux
à la fois dans le spectacle offert par tous ces bouqui-
nistes de feuilleton, acharnés contre un homme de
mérite assez osé pour les apprécier ce qu'ils valent.

Mais les mépris de M. de Corbière ont été poussés
jusqu'à l'obstination , jusqu'à l'aveuglement, jusqu'à
l'injustice. Ne tenir compte des talens contemporains,
de quelque ordre qu'ils pussent être, et cela parce
que Napoléon avait peuplé de ces prétendus gens de
lettres, faiseurs d'esprit public, les bureaux de sa
police; parce que toute la petite littérature des camps
ministériel et ultra s'était vue fêtée et caressée par tous
les pouvoirs qui se sont succédé depuis la restauration : c'était aller bien loin. A peu d'exceptions près,
son administration a blessé au vif les savans les plus
recommandables, les académiciens les plus éprouvés.
Avouóns-le , ce ministre érudit est dans une complète

ignorance du véritable progrès qui distingue ce siècle.
Il ne sait ce qui se passe ni en France, ni à l'étranger,
quant aux sciences et à la littérature d'ordre élevé :
sous tous ces rapports, M. de Corbière est vraiment
fossile, si l'on peut le dire ; et c'est un grand sujet
d'étonnement, que l'un des hommes de France qui
auraient pu devenir les plus utiles à la république des
lettres se soit en quelque sorte constitué son ennemi.

La collision entre M. de Chateaubriand, ministre,
et M. de Corbière, son collègue, a été pour beaucoup
dans cet état de choses. M. de Chateaubriand ne possède, en aucune façon, cette instruction solide qui
distingue M. de Corbière. Ce dernier a montré à son
brillant rival tout l'éloignement voué par des hommes
distingués d'ailleurs, par des érudits de premier ordre,
à un écrivain qui leur semblait gâter le métier. Il y a
de la petitesse là-dedans. L'amour-propre d'un grand
écrivain a pu choquer des mérites moins éclatans,
mais plus importans peut-être pour l'avancement des
connaissances humaines, pour le progrès réel des
lumières. Cependant le monde est vaste. Il y a place
pour tous dans la maison de mon père ; et le génie
d'un Chateaubriand, la sagacité rare des plus illustres
membres de l'académie des sciences ou de celle des
inscriptions et belles-lettres, n'ont rien à redouter
d'un voisinage qui les rehausse par le constrate. Sans
doute le public, auquel manquent les fortes et graves
études, court d'abord à ce qui l'amuse. L'académie
française lui promet des distractions plus vives : il y
trouve de temps à autre un spectacle, puis une asso-

ciation des célébrités littéraires du temps, méritées ou non. Envisager les lettres comme un badinage, c'est un tort; mais en murmurant, vous ne le corrigerez pas. Refaites son éducation. Arrachez-lui ce reste des habitudes du dernier siècle, où chaque chansonnier était un grand homme, où le premier critique venu acquérait, à si peu de frais, une renommée sans rapport avec son importance réelle.

Quoi qu'il en soit, si M. de Chateaubriand a des torts, si on l'a vu se laisser escorter trop fréquemment par des écrivains subalternes, au lieu de se rattacher, comme jadis Racine et Montesquieu, aux mérites éminens de son époque; si quelque malveillance a pu se glisser contre lui dans l'esprit d'hommes également remarquables, mais moins spécialement adoptés par la vogue des salons et des journaux; ce cas même accordé, il y avait quelque chose de bien mesquin dans l'anathème général lancé sur toute la littérature par suite d'une vengeance personnelle contre l'amour-propre littéraire de M. de Chateaubriand. Une grande modération est l'apanage des grands esprits : il faut la porter en toutes choses.

Par une circonstance bizarre, le mépris que M. de Corbière avait justement conçu pour la tourbe littéraire a été habilement exploité par une fraction de cette tourbe même. Ceux qui ont eu le plus constamment à se plaindre du pouvoir n'étaient ni les plus plats d'entre les chansonniers gagés par l'empire, ni les plus vulgaires faiseurs de ministérialisme, ni les moins intrigans pamphlétaires. Ce n'est point la volonté expresse du ministre qui a décidé de tout ceci : on a, comme à l'ordinaire, exploité simplement cette position des ministres par suite de laquelle un parti, les ayant élevés au pouvoir, était nécessaire à leur stabilité. Tout ce qui, dans ce parti, avait été entraîné plutôt qu'entraînant devint ministériel pur, et ne manifesta que peu ou point de prétention à s'immiscer dans les affaires de l'autorité. Il n'en fut pas de même de tout ce qui, dans ce parti, était imbu, soit d'un esprit de prosélytisme religieux, dont l'ardeur avait revêtu la forme de l'absolutisme monarchique; soit d'un esprit de rouerie, exercé dans les administrations précédentes, tant ministérielles que bonapartistes. Ces deux armées s'entendirent pour influencer le gouvernement, non dans la marche générale des affaires, mais pour reprendre en sous-œuvre les divers détails de l'administration, les places à donner à ses agens, les instructions à communiquer aux fonctionnaires. Telle est l'action directe qu'a exercée sur l'administration de M. de Corbière, l'homme de France le moins ligueur et le plus empétré peut-être de l'ancien esprit parlementaire, cette alliance d'hommes qui a formé ce qu'on nomme *congrégation*.

Il ne faut cependant ajouter là-dessus une aveugle créance aux bruits des journaux, moins encore au dire des salons, aux caquets des partis. Que de mensonges, de platitudes, de puérilités et d'impostures dans leurs contradictoires assertions ! Flatter l'opinion du jour, c'est gagner sans peine un brevet d'honnête

homme, quand même on serait le plus grand coquin
du monde. La déloyauté la plus avérée, la corruption
la plus invétérée et, pour ainsi dire, la plus gangré-
née, ne vous empêcheront pas d'être loyal. Acolyte des
hautes et basses polices qui se sont succédé depuis
notre révolution *très-glorieuse*, comme on dit, vous
devenez indépendant à l'instant même. Mais l'homme
impartial n'accepte ni n'avoue ces vertus à bon
marché.

Quels torrens d'encre et de bile versés sur M. de
Lourdoueix; les injures l'ont criblé, les feuilletons
ont épuisé sur lui leur carquois. C'est cependant un
homme de talent et d'esprit, trop jeune pour avoir
marqué dans nos troubles d'une manière fâcheuse,
pour avoir pu compromettre son honneur dans les
antichambres de l'empire. Ecoutez certain petit journal : un ogre est moins avide et moins effroyable;
la France littéraire est sa victime ; il la mange *toute*
crue.

M. de Lourdoueix, a-t-on dit, appartient à la congrégation. Je n'en crois rien. C'est un Jésuite, ajoute-
t-on, et un flatteur des Jésuites. A peine son nom est-il
parvenu jusqu'aux revérends pères. Au lieu de res-
sembler à ces portraits, M. de Lourdoueix n'a eu que
le tort, très-grand selon moi, de s'exalter pour la doctrine de M. de Bonald, homme de génie, mais qui n'a
jamais voulu dépasser en politique la sphère tracée par
la France de Louis XIV, telle que ce grand roi l'a faite,
telle que le grand Bossuet l'a commentée. C'est un
système comme un autre, qui comme un autre a son

côté fort plausible, mais qui a le malheur de n'être
applicable en rien au siècle actuel. Quel peut être l'effet du système de M. de Bonald appliqué aux affaires
intérieures de la France?

Dans le fait cette théorie est sans aucune réalité, et
l'on peut défier le savant auteur lui-même de la mettre
jamais à exécution. Certes, il y a beaucoup à apprendre dans les écrits de l'auteur de la *Législation
primitive :* esprit profond, nerveux, fort d'ironie,
fort de raison, déterminé, serré, concentré, convain-
cant et convaincu sur une foule de choses. Mais il a
forcé son génie de s'emprisonner pour ainsi dire en
de tristes et sévères dimensions. En étudiant les ouvrages de ce penseur subtil et énergique, il semble
voir une grande ame lutter contre des difficultés
qu'elle ne sait pas écarter. Tel Laocoon, pressé des
étreintes du serpent, brise par un effort héroïque
l'un des nœuds qui l'enlacent, et malgré cette même
lutte se sent à chaque instant plus étroitement pressé
de ses cruels embrassemens : un dernier souffle gé-
mit dans sa bouche expirante; et son sublime regard,
avant de quitter la terre, erre déjà au fond des cieux.

Les meilleurs esprits eux-mêmes, dès qu'ils ont
voulu faire vivre les maximes de M. de Bonald, en
ont aussitôt changé la nature. Ils en ont fait de la
bureaucratie, pénétrée d'un dévouement royaliste,
comme elle était imbue autrefois d'un dévouement
bonapartiste : ils en ont fait avant tout de la censure.
A sa naissance, un grand chorus accueillit cette censure. C'étaient non-seulement les ames timorées et une

foule de gens de bien qu'effraient la licence, mais qui, faute de connaître l'esprit réel de notre époque, ignorent le genre de remèdes qu'il faut lui opposer : mais tous ces anciens suivans de Bonaparte, devenus suivans du royalisme, et brouillés pour cause avec leurs anciens confrères , métamorphosés en libéraux. Des hommes encore plus dangereux ont poussé , au seul nom de la censure, un cri forcené d'enthousiasme : ils pensaient que le clergé en profiterait , et que la monarchie se rétablirait par la religion, devenue instrument de police. Bien plus, des intrigans sans consistance , ceux des parasites du pouvoir qui n'osaient faire de l'opposition, et la dernière tourbe des gens de lettres, décriés par l'uniformité de leur servitude éternelle : tous ces hommes , unissant leurs voix , crièrent par-dessus les murs de Sion : « Censure! censure! » Hors de la censure, point de salut! »

La liberté est si terrible aux partis, que nul d'entre eux n'ose en faire usage, et que tous, à l'envi l'un de l'autre, font de la licence; car la liberté est compagne de la vérité; l'imposture s'accouple à la licence. Ceux qui invoquent la censure invoquent également la licence, mais en faveur de ceux qui gouvernent seuls. Il y a dans la vérité bien appliquée , dans la liberté fortement entendue, de quoi exterminer tous les libellistes; vermine semblable à celle que les jardiniers détruisent au printemps avant que la population meurtrière ne détruise la récolte de l'été. Quiconque se cramponne à la censure n'a aucune conviction de la force réelle de la vérité. Est-ce par système? Il est bien aveugle. Par mépris de la liberté? Il est bien coupable. Dans l'espoir de se donner un moment de repos? Il est, disons-le dans le naïf langage de nos aïeux, bien *coûard*. La censure , en d'autres circonstances, a pu avoir ses avantages. De nos jours la publicité est nécessaire; c'est avec elle que l'on mettra aux abois ses ennemis.

On suppose à M. de Lourdoueix quelque influence sur l'établissement de la censure. Ainsi que M. de Bonald, il y a vu un moyen d'ordre; mais aussi, comme le grand écrivain dont il est l'éloquent disciple, il s'est trompé sur le temps. Les mêmes gens de lettres, si dédaignés par M. de Corbière, ont pu, en se faisant serviteurs du gouvernement, rentrer dans les bonnes graces et se ranger sous les ailes de ce ministre. Quand le pouvoir, las des écrivains ministériels, en congédia un certain nombre comme inutilité, il en prit d'autres, en sous-ordre, comme censeurs. Etait-ce par conviction de leur capacité et de leurs talens? Je l'ignore.

Un homme tel que M. de Corbière doit détester la licence. Chaque jour une meute d'écrivains affamés se lance sur le public, aboyant d'énormes injures, telles que les échos de nul autre pays n'en répétèrent jamais. Il est naturel que l'homme grave, l'homme consciencieux, se révolte de ce vacarme. Qu'il souhaite la censure aux libellistes, on le conçoit; mais il vaut encore mieux leur souhaiter ces vérités qui effraient et qui démasquent, ces vérités qui attachent le coupable au pilori de l'opinion publique. Il est vrai qu'alors il ne faudrait point s'embarrasser d'un tas d'écrivains mi-

nistériels, que l'on voit fuir devant ceux qui les pour-
chassent comme les lièvres timides devant la meute
acharnée. Il y a dans ce spectacle une chasse assez
divertissante : c'est plaisir et profit de voir traquer
l'animal tremblant devant ses adversaires. Aussi le
public ne tarde-t-il pas à discerner ses limiers favoris ; il les encourage, les excite, allume leur fougue,
et notre éducation se forme ainsi sous ses yeux.

CHAPITRE IV.

Du ministère de l'instruction publique.

Je professe un grand respect pour le prélat illustre qui nous apparut comme une douce lumière de religion et d'espoir, après la nuit épaisse des orages publics et les dernières fureurs de l'athéisme. L'écho des terribles mouvemens de la révolution retentissait encore, quand la voix consolatrice de M. de Frayssinous se fit entendre, porta des paroles de paix dans les jeunes ames, et un calme nouveau dans tous les esprits. Si la hauteur des vues et l'étendue des idées ne distinguaient pas spécialement ses conférences, peut-être, au moment où elles eurent lieu, furent-elles plus utiles encore par une heureuse alliance de piété et de bon sens, par une chaleur bienfaisante, par un langage qui touche le cœur, en pénétrant jusqu'à la raison. Auprès du chêne dont les puissantes racines se font jour dans les flancs du roc, on aime cette verdure, ravissante pour les yeux, dont le parfum charme les sens, et sous laquelle toutes les aspérités s'effacent. Les commencemens de ce siècle n'ont pas vu de plus utiles ni de plus généreuses actions que le *Génie du christianisme*, et les *Conférences* de M. de Frayssinous.

Non-seulement, monseigneur l'évêque commande l'amour par ses actions et ses écrits, mais par ces qualités personnelles, par cette évangélique bonté, par cette charité bien entendue, par l'heureux charme de ces entretiens d'où l'on ne sort jamais sans se trouver meilleur. On peut, sans outrer la louange, lui accorder les plus aimables facultés du cœur et de l'esprit. Ses discours à la chambre des députés prouvent, en dépit de l'envie, un véritable talent; et depuis l'illustre M. de Serres, quelle éloquence eut plus de succès à la tribune? Quoi qu'en puisse dire M. de Montlosier, je ne vois pas pourquoi l'on se priverait des ressources de son intelligence. Mais M. de Frayssinous est-il un bon ministre de l'instruction publique? Cette question est toute différente.

. Une commune erreur, c'est de refuser à qui possède un talent spécial dans une direction marquée, la capacité contraire : comme si les muses, sœurs fidèles, ne se soutenaient pas par leur mutuelle alliance. Si l'envie se trompe ainsi, la frivolité commet une erreur à peu près semblable, en prêtant d'avance tous les genres de mérite à ces talens aimables qui se jouent sur une brillante surface. Je ne doute pas que M. de Frayssinous ne fût un grand ministre des affaires ecclésiastiques. En fait d'instruction publique, il ne soupçonne pas le mouvement des esprits, qui entraine vers de hautes régions les esprits les plus éclairés du globe. Jamais il ne faut confondre avec les fausses lumières de la tourbe , les nobles lumières des élus.

C'est d'un bon système d'instruction publique que dépend l'avenir de la France. Le gouvernement ne semble pas avoir eu jusqu'ici la conscience de cette vérité. Là reposent les générations futures; là germent les idées qui les animeront; à elles appartiendra plus tard le maniement des affaires. L'ancien régime avait dans les administrations , les communes, les provinces, les parlemens , une instruction toute faite. Elle était routinière, il est vrai, et si délabrée , malgré la richesse et l'importance de la matière , que, prises au dépourvu par la révolution, toutes ces institutions que je viens de citer se sont laissé ravir d'un seul coup de filet leurs droits, leurs privilèges, tout ce qui en France avait encore une vie réelle. Tout était usé par ce régime de cour et de favoritisme qu'on avait ennobli vainement sous le titre de monarchie absolue. Triste, ennuyeuse, pédantesque, une instruction de collège, fort insuffisante, avait grandi sur les ruines de l'ancienne et large éducation universitaire. Le modeste Rollin passa pour un puissant réformateur, pour une haute lumière : tant les études avaient peu d'élévation au dix-huitième siècle ! Qu'auraient pensé de ce titre les Dumoulin , les Lhopital, les Gerson , voire même les universitaires de ces temps plus anciens que notre calomnie traite de barbares?

On commençait par faire entrer dans le cerveau du jeune homme un peu de mauvais latin : rien ne l'initiait aux véritables mystères de cette littérature classique, dont l'école florentine au quinzième, et l'école de Leyde au seizième siècles , nous ouvrirent les trésors. Ensuite la rhétorique et ses fleurs stériles le nourrissaient de cette vaine, pompeuse et vide éloquence, qui le préparait à sa troisième et dernière éducation, celle du bel-esprit, professée dans le monde, et dont le centre était l'académie française. Là, se débattaient plaisamment des futilités graves. Sans doute de grands talens s'affranchissaient à leurs risques et périls, et brisaient la chaîne : on a vu Montesquieu, Rousseau, Buffon, Diderot, Voltaire lui-même, esprit rapide et prompt en dépit de sa légèreté, prendre hardiment leur essor. Mais si l'on excepte Montesquieu et Buffon, qui eux-mêmes ne sont pas partout également solides, que de paradoxes, de sophismes, d'impostures, semées sur la route des autres ! De combien d'erreurs leurs explorations eussent été exemptes, si leur siècle leur eût fourni de graves, de fortes études ! Privé de direction , livré à lui-même, leur génie a grandi, non dans la retraite, mais dans le tourbillon du monde, et la corruption générale l'a imbu de son poison. Dès lors toute l'instruction consista dans une lecture superficielle, vague et générale : plus de travaux ni d'études. On ne voulut rien approfondir , mais tout effleurer.

Sous le Directoire , quand l'instruction publique commença à sortir de ses ruines, les doctrines mathématiques et physiques réagirent contre l'idéologie, c'est-à-dire contre les formes savantes que les disciples politiques de l'assemblée constituante avaient voulu

donner à la philosophie du dernier siècle. On acceptait l'ironie de Voltaire, non la méthode de Condillac.
MM. Destutt de Tracy, la Romiguière, Degérando,
subirent sous le consulat une sorte d'ostracisme.
L'orgueil des physiciens se révoltait contre le matérialisme *à priori*; ils ne l'acceptaient qu'*à posteriori*,
l'arrachaient aux philosophes, et s'en réservaient l'ex-
ploitation. Le siècle revenait au positif, c'est-à-dire à
l'industrialisme soutenu par les chimistes, et au despotisme militaire que les mathématiciens érigeaient
en science et en culte. On enlevait le sceptre aux tribuns, aux théoriciens, aux avocats, aux bavards en
un mot, comme Bonaparte les appelait; la religion
une fois anéantie, on voulait en finir avec la philosophie, puis avec la politique. On nous préparait des
machines et des soldats, sources uniques des lumières
qui commencèrent à se répandre sur nous, pendant
les premières années de Bonaparte.

Mais, tout en ayant MM. Fourcroy et Chaptal pour
le *positif*, MM. de Laplace, de Lacépède et autres, pour
l'exploration des mathématiques et de l'histoire naturelle, l'empereur (tant la tyrannie est chose incon-
stante et çapricieuse) ressentit je ne sais quel besoin
d'*idéal*. La police le lui donna. Fouché et le duc de
Rovigo présidèrent à une double élaboration littéraire
de l'esprit public. D'un côté, l'on préchait la monarchie absolue sous les auspices de Louis XIV, grand
nom, éclipsé par le nom plus grand de Bonaparte :
de l'autre, s'achevait la conversion impériale des ci-
devant sectateurs de la Constituante, de la Conven-

tion, de la Gironde, des Jacobins, du Directoire et du Tribunat: on prêchait à ces derniers le despotisme, ayant l'égalité pour base. A la restauration, les membres de cette police double se sont dispersés, les uns dans les bureaux ou dans le sein du pouvoir, qui leur confia la fabrication lucrative du ministérialisme, les autres dans les rangs d'une opposition libérale ou royaliste, où leur calcul crut apercevoir plus de chances. Souche véritable d'où sont issus ceux qui manipulent encore aujourd'hui, sous mille formes, l'opinion publique: école admirable pour former de beaux caractères.

Le démon de l'ancien régime demandait à Bonaparte la création d'une académie, d'une université. La révolution avait envahi l'académie, et l'on sait les obstacles qui s'opposèrent au triomphe de M. de Chateaubriand. La querelle entre Bernardin-de-Saint-Pierre et Cabanis, sous le directoire, se reproduisit alors. Le règne des superstitions allait reparaître; on rugissait, on tonnait contre Jehovah, contre Jésus-Christ.

Confiée à un ami de M. de Chateaubriand, l'université de France subit d'abord une autre destinée. Ce ne fut pas le matérialisme, mais l'esprit de collège qui s'en empara, sous cette forme que l'ancien régime vit préluder à l'esprit d'académie. Ce n'est que pure rhétorique, avec force inutilités déclamatoires, et une teinture légère des lettres romaines, mais sans connaissance de l'antique philosophie, sans intelligence intime de la poésie. Quant à l'art militaire, à la science politique des anciens ; quant à leur commerce et à leurs arts , rien. On oubliait tout ce qui lie l'homme à l'homme. Les anciens étaient étudiés au profit du bel-esprit seul , et de la manière la plus indigne d'eux.

Bonaparte , qui se souciait peu de l'esprit de collège, et de ce pédantisme classique qui fait les académiciens, ne partageait pas les vues de M. de Fontanes. Occupé des seules mathématiques , il n'estimait chez les anciens que ce qui pouvait nourrir l'esprit d'obéissance envers César. Cet échafaudage d'ancienne éducation mal replâtrée lui déplut : il mit la main à l'œuvre, et fonda , dans son conseil d'état, une école en y agrégeant une foule de jeunes auditeurs, pépinière véritable de préfets, dont il comptait faire des Séïdes. L'école polytechnique, la Flèche, Saint-Cyr, et d'autres écoles militaires, pépinière de généraux , lui eussent donné des soldats aveuglément dévoués à ses ordres. Double projet qu'il poussa avec son activité ordinaire, en laissant languir l'université.

Mais ce mot même d'université est une parodie par son application. Ce que l'on nomme université en France, n'est qu'une forme administrative, destinée à centraliser l'instruction des collèges et des hautes écoles entre les mains du gouvernement. La France n'a pas d'universités ; nulle république des sciences ; nul lien entre elles ; nulle corporation grave et forte, chargée de l'enseignement. Les professeurs sont, comme les préfets, de simples commis aux ordres du ministère. Le code universitaire, d'après le plan de Bonaparte, n'est qu'un code de despotisme. C'est là son mérite unique. Comme système d'instruction , loin de rappeler les puissantes institutions de nos ancêtres, privé de toute direction élevée, il n'a rien qui ne soit mesquin et indigne d'une grande nation. C'est là qu'est le mal : par sa constitution même l'université de France n'offre aucune ressource ; elle ne présente que des obstacles au perfectionnement de l'instruction. On peut donner quelque développement utile à d'autres établissemens vicieux en eux-mêmes ; rien ne corrigera jamais le vice de cette administration centrale qu'on appelle l'université. C'est la bureaucratie étendue au domaine des sciences, et je ne puis trop m'étonner que M. de Montlosier ait cru, comme il le dit dans cette dernière brochure lancée contre Monseigneur l'évêque d'Hermopolis et le clergé, retrouver dans cet établissement la moindre trace qui rappelle les corps enseignans de l'ancien régime.

M. Royer-Collard, je le sais, n'avait point désespéré d'en tirer parti. Il réforma cette école normale que Bonaparte institua au profit de son pouvoir , et la régénéra dans le sens de cette philosophie qu'il lui avait enseignée. Homme vertueux, penseur distingué, illustre orateur, il voulait que l'école normale devînt la base d'une université rajeunie, et parvînt à la régénérer par ses élèves. L'idée était excellente , sauf la doctrine trop exclusivement rationnelle de cet établissement. Mais l'université n'en serait-elle pas moins restée une vaste bureaucratie , chargée de prélever pour l'entretien de ses membres un impôt sur les études? Serait-elle devenue une corporation enseignante, capable de donner à l'instruction, dans son ensemble, une grande et salutaire impulsion? Jamais dans l'histoire des sciences rien ne ressembla au pouvoir du grand maître, tel que les constitutions napoléoniennes le définissent. C'est un pacha littéraire, déplaçant, changeant tout à sa guise, que rien n'oblige, qui n'est tenu à respecter aucun droit, aucune possession légitimée; singulière autorité, tentative aussi tyrannique qu'absurde. On voit le but auquel tendait Bonaparte. L'école normale lui promettait une jeunesse enseignante, un professorat dévoué dans les collèges, comme l'était, dans les départemens, le préfectorat, allié aux jeunes auditeurs. Tel est ce tissu d'un despotisme inextricable, qui eût enlacé la pensée, les mœurs, les études, le matériel et jusqu'à l'avenir de la France. Le chef de l'université n'était qu'un autre ministre de l'intérieur, appliqué à l'institution des collèges, comme le ministre de l'intérieur l'était à l'institution des préfectures.

Après la restauration, toute cette machine d'iniquité s'est détraquée à la fois. D'un côté le ministre de l'intérieur et ses préfets, d'un autre le grand maître et son école normale, ont perdu cette prépondérance, que la nature du gouvernement représentatif ne pouvait plus souffrir. On supprima les auditeurs au conseil d'Etat : malheureusement il n'y eut plus de stage, d'initiation aux affaires, pour ceux qui aspiraient aux fonctions administratives. L'institution des préfectures fut sacrifiée à l'exigence de la majorité d'une chambre des députés, comme l'instruction publique le fut à celle d'un parti. On vit l'université subir les diverses réactions administratives. Ainsi se sont inféodées aux oscillations de la politique les deux choses qui devraient avoir le plus de stabilité dans un état. L'administration et l'éducation, arrachées au despotisme d'un seul, passèrent brusquement de cette immobilité de la tyrannie, à la tyrannie variable des partis absolu, représentatif, aristocratique, démocratique : cette anomalie a tout bouleversé. Et si la politique, déja transportée dans les études et l'administration, atteignait enfin la magistrature, toute espérance de fixité sociale se trouverait détruite à la fois.

Sous Napoléon, quand le despotisme militaire et administratif faisait marcher les affaires au pas de charge, les collèges aspiraient à fournir des sujets futurs aux auditeurs du conseil d'état, en concurrence avec les diverses écoles qui servaient de pépinières d'officiers et de généraux. Maintenant, si tel parti domine, il ne veut que préparer la jeunesse à suivre ses voies et à crier, soit : vive le trône! soit: vive la charte! à voter, soit avec la droite, soit avec la gauche. Jamais, ni sous l'empire ni de nos jours, on n'a su faire des hommes; tenir la jeunesse vierge du contact du monde; l'instruire par degrés à se faire à elle-même une doctrine, résultat des études personnelles d'un esprit consacré à de graves et sérieux travaux. Aussi la voit-on, au sortir de nos écoles, et à peu d'exceptions près, dévorer, à peine émancipée, les libelles et pamphlets du jour : tel est le complément d'une instruction, dont le vide et le néant sont les bases.

Quand M. Royer-Collard eut imprimé sa direction au conseil de l'université, et ennobli, comme nous l'avons vu, l'institution de l'école normale, cette dernière fit éclore une foule de jeunes talens, dont la partie la plus sage a continué son instruction dans le monde. Le nom de M. Cousin est devenu européen. M. Thierry s'est fait une grande et juste réputation. Les disciples de M. Guizot, marchant sur les traces de leur maître, exploitent les richesses de l'histoire moderne. Enfin le *Globe* imprime aux opinions littéraires un mouvement très-remarquable. Il y avait, comme tout le prouve aujourd'hui, de la vie dans cette école ; et MM. Royer-Collard, Victor Cousin et Guizot, possédaient cette ardeur d'esprit indispensable pour échauffer les jeunes intelligences.

Cependant, si l'on observe de près cette impulsion des esprits, vaguement nommée *doctrinaire*, d'après la doctrine écossaise d'où elle dérive, et par contraste avec la routine aveugle des uns et la frivolité des autres, qui n'ont ni pensée ni doctrine : on ne peut s'empêcher de remarquer que jusqu'ici sa tendance a eu quelque chose de protestant et de rationnel, modifié selon le génie de chacun. Ainsi M. Cousin a dans l'esprit plus de catholicisme que M. Jouffroi, homme distingué, qui semble agrandir depuis quelque temps la sphère de ses travaux. Mais dans un grand mouvement intellectuel, les nuances ne marquent pas, à moins que

les esprits qui s'en emparent ne les élaborent et ne les
réduisent en système. Il y a diversité dans l'école doctrinaire; mais diversité dans les nuances seules, plus
que dans le fonds des choses. Plus les individualités
se feront jour, moins il y aura de sectes et de coteries.
Plus elles élargiront le cercle de leurs travaux, plus
l'école elle-même dépouillera ces formes un peu mo-
notones, cette méthode un peu compassée, cet enthousiasme à froid, qui semble avoir traversé les régions
glaciales de la métaphysique génevoise, plus elle ac-
querra de richesse, de liberté, d'audace. Poursuivez
MM. Damiron, Charles Remusat, et quels que soient
les noms des rédacteurs du *Globe*; il y a place pour
vous, il y a place pour tous les talens.

L'apparition de l'école doctrinaire dans l'instruction
publique a eu le désavantage de se montrer sous les
auspices de l'administration de M. Decazes, dont le
génie était parvenu à se rallier, tant bien que mal,
aux systèmes de MM. Guizot et Royer-Collard. C'était
une réaction contre l'école de MM. de Chateaubriand
et de Fontanes; mais surtout elle repoussait d'une
manière absolue l'enseignement de MM. de Bonald et
de Lamennais. Si le temps n'est plus où l'on pouvait
maintenir la monarchie à l'aide de la censure, la religion par la destruction de l'édit de Nantes, le gouvernement par l'étouffement de la presse et la clandestinité des débats : nous ne sommes pas non plus à
l'époque où une doctrine exclusive puisse gouverner
l'instruction publique. Est-ce un mal ou un bien? Je
ne sais. Mais en excluant les partis contraires, les

partis vont contre leur propre intérêt. Les doctrines
déja émises reparaîtront toujours dans le monde, sous
une forme ou sous une autre; et le monde, tel qu'il
existe, aura toujours son action sur l'instruction publique. Aujourd'hui tout se dit, et se sait, tout se
communique; par malheur rien ne se dit encore comme
il faut, rien ne se sait complètement, rien ne se communique dans son développement réel.

Laissez au jeune âge sa naïveté première. Doctrinaires, ultramontains, vous dont les écoles vivent
seules au sein de l'instruction publique, et qui vous en
disputez aujourd'hui, la possession ; sachez que cette
jeunesse ne sera pas toujours soumise à vos lisières,
que le contact du monde dégoûtera bientôt les meilleurs
esprits de l'une ou l'autre doctrine, si exclusivement,
si méthodiquement imposée. Rien de plus libre que la
religion et la philosophie. Rien de moins servile que
l'intelligence. Les Scolastiques, qui ont eu de beaux
génies, ont malheureusement voulu, par un singulier
caprice, entraver l'esprit humain dans le moule étroit
de leur méthode. Ils le serrèrent tant qu'ils l'étouffè-
rent. On sait quel en fut le résultat. Cartésiens, partisans de Condillac, philosophes écossais, ont eu le
même sort. La même chose arrivera aux disciples de
M. de Lamennais. Gardez-vous bien d'attacher la vérité captive au dogmatisme des formules. Ce sont de
ces choses que les libres intelligences reproduisent
sous une infinité de formes diverses. Ce qu'il faut maintenir vivant, c'est la religion, c'est la philosophie ;
c'est l'Eglise de Dieu, la sagesse des peuples, non la

méthode qui leur sert d'expression, d'enveloppe passagère et changeante, diversement modulée au sein des écoles.

Je ne puis appuyer trop vivement sur cette vérité imposante. Que le sol soit bien préparé, que les intelligences se nourrissent d'études solides et fortes. Elles dédaigneront de plus en plus les sophismes; elles prendront de la vigueur; elles s'attacheront à la vérité. Vous aurez moins de tribuns, moins de libellistes. Le nombre des hommes politiques, des écrivains consciencieux et éclairés s'accroîtra. Contentez-vous donc de préparer les jeunes intelligences, et laissez faire ensuite Dieu, l'homme et la nature. Est-il rien de plus triste que de voir une méthode stérile, démon incube, opprimer et étouffer la jeune intelligence? A quoi servent ces paroles tyranniques et pesantes? Semez le germe des idées dans les esprits; quittez la stérilité des phrases.

L'administration de M. l'abbé Frayssinous a été une réaction véritable contre l'administration de M. Royer-Collard, qui elle-même n'avait été qu'une longue défense, souvent même une attaque contre les doctrines ultramontaines, ou pour mieux dire, contre le développement complet et l'affranchissement définitif du catholicisme. D'une part, cette administration, gallicane envers le souverain, ultramontaine par rapport aux tribunaux, s'était séparée de bonne heure des doctrines ultramontaines pures, professées et poursuivies dans toutes leurs conséquences par M. de Lamennais, et revêtues par lui de formes âpres et passablement offensantes. D'un autre côté, cette même administration livrait une guerre à mort aux élèves de l'école normale. Elle osa même assaillir, de la manière la plus hardie comme la plus imprévoyante, le foyer des doctrines matérielles de l'époque, l'école de médecine. Dans cette téméraire entreprise, les bureaux de M. de Frayssinous ont été admirablement secondés par les bureaux de M. de Corbière. Une opération qui demandait une grande sûreté de tact, beaucoup de mesure, une connaissance approfondie de la matière, on l'a tentée avec une étourderie féconde en conséquences. On a fortifié au lieu d'abattre cette doctrine matérialiste, dont les libéraux ne s'inquiétaient plus guère. Au premier coup de cognée porté sur ce tronc empoisonné qui porte mille rameaux, la révolution a poussé un long cri de rage. Eh ! quoi ! l'on avait osé toucher au Sumac de la science, à l'arbre saint et multiple, qui réunit en lui le matérialisme à la physique, à la chimie, à la médecine, qui rattache ces sciences si hautes quand on les comprend dans un sens large, à tout ce que les derniers recoins de l'humaine intelligence recèlent d'abject et de vil ! L'industrialisme est accouru au secours de la révolution. L'école de M. de Saint-Simon a propagé ses doctrines. M. le baron Charles Dupin a endoctriné à sa guise une partie de la France. Que de grandes renommées dans les sciences ont été par-là irrévocablement offensées, sans aucun profit pour les doctrines religieuses, que le but de cette grande attaque était de faire valoir ! Ainsi échoue quiconque touche maladroitement et hors de saison, aux institutions, aux idées, aux préjugés même.

L'intelligence , comme la nature, a horreur du
vide. Voulez-vous abattre le matérialisme; donnez de
fortes racines au catholicisme. Décréter le règne de la
religion, l'abolition des doctrines matérielles, ne suffit pas. Ce ne sont point choses que l'on commande ou
que l'on empêche. Elles se font. De toutes parts, les
réalités vous ont échappé: vous n'avez point su que
cette école doctrinaire, dont le pédantisme était pour
vous un objet d'ironie, avait son importance ; que
cette école de M. de Lamennais , dont vous vous con-
tentiez de déplorer l'aveuglement, avait son influence.
Ignorant les élémens même des discussions sur lesquelles de savans physiologistes appuient leur doctrine
de matérialisme, vous leur avez voué une horreur
aveugle, fort naturelle sans doute, et que je partage,
mais qu'il ne suffit pas de ressentir et de manifester.
Enfin le département de l'instruction publique une
fois mis en mouvement, qu'a-t-il produit? Où nous
ont mené ce catholicisme de routine, ce gallicanisme
modifié par les doctrines ultramontaines, cette philosophie empruntée à Descartes, cette rhétorique de
collège? La jeunesse, confiée aux hommes d'élite de
la congrégation, aux professeurs et aux proviseurs
choisis pour leur piété réelle ou vraisemblable, est
sortie des mains de ces maîtres avec l'aversion du
passé, l'ennui de la religion, l'habitude du persiflage
philosophique, et l'amour déclaré du positif dans les
doctrines ; c'est-à-dire avec une teinte prononcée de
matérialisme , de déisme; pleine de confiance aux
mensonges des journaux, et de penchant pour les li-

belles. Saint-Acheul même, Montrouge, et les autres établissemens confiés aux Jésuites, n'ont pas eu meilleur succès que les collèges de l'université.

Si l'on cherche la cause d'un si grand mal, c'est qu'on laisse vide la brèche qu'il faudrait remplir. Nous ne sommes pas en Espagne. Et dans ce pays même, dès que la même faute a été commise, elle a eu le même résultat. En France, où l'action du dehors est incalculable dans son influence sur l'éducation de la jeunesse, il faut lui conserver, malgré cette influence, la naïveté de ses impressions. Mais comment faire? Comment? Par des études hautes, fortes, solides. Pour tenir tête à une armée réglée, riche en munitions de siège, vous défendrez-vous derrière de faibles palissades? La science d'un Vauban, l'enthousiasme d'un Condé, pourront seuls repousser l'attaque. Et cet enthousiasme, les actions l'enflamment, les paroles le tuent. Mille déclamations contre Voltaire ne l'empêcheront pas d'être lu, de pénétrer dans les esprits : voulez-vous le combattre? opposez-lui quelque chose de plus fort, de plus sain, de plus grand.

Dans cet état de choses, ce qu'il y a de plus fâcheux, c'est que le clergé se trouve gravement compromis. Sa place, quoi qu'en dise M. de Montlosier, est à l'instruction publique, non d'une manière exclusive, comme certaine congrégation le voudrait, mais par concurrence. Toutes les sciences tiennent l'une à l'autre, toutes se rattachent en définitive au centre de la vérité suprême. Le salut des ames se lie intimement à l'instruction des esprits ; et la théologie ne peut, sans

contre-sens, s'isoler de l'étude des sciences. M. de
Montlosier a raison de lui donner la sainteté pour compagne ; il a tort de lui refuser l'aide de la science.

Pour surcroît de malheur, le vieux clergé, imbu d'un
esprit d'ancien régime, ne voit rien à combattre que
Voltaire et la philosophie du dernier siècle. Excité
par les doctrines de M. de Lamennais, le jeune clergé
les répète sans les féconder par l'intelligence. Des
rangs ecclésiastiques s'élève un concert de voix discordantes, toutes maudissant, sur différens tons, les lumières de l'époque. Ce sont des gémissemens, ce sont
des colères ; ni les uns ni les autres ne guérissent, ni
ne sanctifient. Il vaut mieux se fortifier par de hautes
études, activer le christianisme au lieu d'activer l'injure, surveiller ses propos, diriger ses pensées, qu'é-
pier les paroles, invectiver les systèmes de ses adversaires. Le clergé en général a du zèle et de la pureté ;
plus tard, nous examinerons sous quels rapports il mérite l'estime, l'admiration même, sous quels rapports
il est dans l'erreur. Quant à l'éducation publique, sa
direction est absolument fausse.

Nous pensons que l'éducation première pourrait,
avec avantage et jusqu'à certain âge, être confiée au
clergé. Sorti de ces langes de l'enfance, le jeune étudiant réclame des instituteurs laïcs ; il lui faut déjà
une image du monde. Quant à l'instruction populaire,
elle tombe de plein droit dans le domaine ecclésiastique. Mieux valent des Ignorantins que ces gens payant
patente et faisant de leur alphabet métier et marchan-
dise. Ce n'est pas ici que je dois m'expliquer sur cet

enseignement mutuel dont on a fait un véritable char-
latanisme. Pourquoi le clergé délaisse-t-il cette instruction populaire? Pourquoi peut-on le soupçonner
de faire chorus avec ces absolutistes, qui tonnent
contre la perversité humaine et croient tout perdu si
le paysan sait lire et écrire? Tel est cependant le cours
des choses. En se plaignant bien haut de l'invasion
des doctrines révolutionnaires, on ne sait rien leur
opposer.

Je ne prétends pas qu'il n'y eût de grands avantages à ce que des ordres religieux, les Jésuites par
exemple, formassent des collèges. S'ils entrent en
concurrence avec les établissemens laïcs, et produisent
de savans professeurs, quel reproche peut-on leur
faire? Je ne réclame que contre la faveur, je ne
m'oppose qu'au privilège que le gouvernement pourrait accorder. Il est de la mission du clergé d'enseigner; s'il y réussit, tant mieux pour les fidèles; s'il
échoue, c'est apparemment sa faute. Mais l'époque
actuelle, époque où tout repose sur la liberté de discussion, sur la publicité des doctrines, ne souffre pas
que des croyances lui soient imposées. C'est le caractère propre d'un temps que le clergé doit étudier à
fond. Qu'il en acquière la conviction; qu'il cesse d'agi-
ter la société de récriminations vaines et stériles. Qu'il
emploie la force pure du christianisme, force qui lui
communiquera un pouvoir dont il ne semble plus se
douter aujourd'hui.

Personne ne tient un langage plus impatient et plus
désespéré que ces hommes à qui une révélation vague

semble faire enfin entrevoir leur propre nullité, et qui, d'un ton grave et piteux, viennent vous dire : « qu'il n'y a plus rien à faire, que tout est perdu, que « le siècle appartient au génie du mal. » Au lieu d'accuser le siècle, qu'ils s'en prennent à leur insuffisance. A Dieu ne plaise que je sois le panégyriste enthousiaste de cette époque ! mais quiconque en désespère d'avance, n'est pas appelé à la dominer. Les élémens du bien subsistent en grand nombre, même dans la carrière difficile de l'instruction. Il ne faut que savoir qu'ils existent, les reconnaître, les classer, les mettre en œuvre. L'instruction élémentaire est spécialement mauvaise dans la plupart des écoles. Partout manque cette étude préparatoire des lettres grecques et latines, étude qui éleverait par degrés l'adolescent vers une plus haute vue des hommes et des affaires. Il y règne une extrême ignorance de ce qui constituait l'antiquité réelle : on n'y voit que synecdoche et métonymie, que vaines fleurs de beau langage. Ni Machiavel, ni Montesquieu, ni les investigateurs scrupuleux des classiques ne sont consultés dans l'appréciation des mœurs, des croyances, des institutions antiques. Au lieu de pénétrer jusqu'à la substance, on s'en tient à une grossière et superficielle écorce.

Aujourd'hui diverses branches de l'enseignement sont au plus haut degré de prospérité. La renommée de l'école de médecine est devenue européenne, surtout en ce qui concerne la partie chirurgicale, anatomique, physiologique de la science. Malgré les pertes récentes qu'ont souffertes les mathématiques et la physique, il leur reste encore des noms justement célèbres. La géologie a son Cuvier, la physique son Arago, la chimie et l'histoire naturelle s'honorent de plusieurs savans non moins illustres. Ce qui manque à ces études si noblement exploitées, c'est la haute philosophie des Pythagore et des Aristote; celle qui fit la gloire d'Albert le Grand, de Roger Bacon, de Nicolas de Cusa, de Kepler, de Leibnitz, de Pascal, de Descartes, des grands géomètres, astronomes, médecins, physiciens dont les siècles passés se sont enorgueillis. L'industrialisme, supplantant la philosophie, envahit et doit envahir de plus en plus la science. Qu'on sache lui créer des contrepoids dans un enseignement philosophique suprême, dans une doctrine catholique qui embrasse et pénètre l'universalité des connaissances humaines : alors les sciences physiques concourront aussi à la propagation de la vérité intellectuelle.

Après cette branche du savoir expérimental des modernes, c'est l'école des orientalistes qui prospère le plus. Ici les grands noms abondent. MM. Sylvestre de Sacy, Chezy, Etienne Quatremère, Champollion jeune, Saint-Martin, Abel Remusat, Julien, Burnouf, et d'autres encore dont la jeunesse fait concevoir les plus justes espérances, ont exploré dans toutes les directions le domaine de l'antiquité orientale. Sans une connaissance intime des Asiatiques, aujourd'hui la science classique serait condamnée à rester à peu près stationnaire. La famille du genre humain se ramifie en mille branches qui se tiennent toutes. Voulez-vous être vraiment homme? Sachez connaître le génie de l'espèce sous toutes ses formes et dans toutes ses phases ; ne soyez en rien exclusifs ; portez en tout l'unité , l'universalité.

Les lettres classiques elles-mêmes, fort arriérées d'ailleurs , nous offrent quelques illustrations récentes. M. Boissonade sait initier ses auditeurs aux plus délicates finesses de la grammaire des Hellènes. Quel écrivain s'est inspiré de Platon et d'Aristote avec plus de chaleur et de force que M. Cousin ? Dans les arts, enfin, qui s'est montré plus digne de figurer à côté de Winkelman que M. Quatremère de Quincy? Je n'ai pas besoin de rappeler les noms de MM. Villemain et Letronne , célèbres dans la littérature et l'archéologie , et qui sont dans toutes les bouches.

Il fallait, je l'ai déjà dit, dans ce siècle qui flottait entre toutes les doctrines , creuser un lit profond aux systèmes opposés, et au lieu de laisser leurs vapeurs errantes planer comme un brouillard dans les marais du sophisme, les laisser s'écouler tout entiers entre leurs rives. Ainsi l'on eût dû mettre en présence, d'un côté l'école doctrinaire avec ses divers rameaux, et de l'autre l'école ultramontaine avec les développemens dont elle est susceptible. Ces adversaires auraient dû paraître dans les facultés, et s'y mesurer avec les armes de leurs doctrines. Par-là on eût pénétré jusqu'au fond des choses. Il ne fût pas resté dans les esprits un si étrange chaos d'idées confuses et vagues. Qu'on proscrive l'immoralité, mais que l'on accueille les systèmes, ne fût-ce que pour les réduire en poudre. Il vaut mieux qu'une chose soit franchement exposée que clandestinement colportée : en tout , en un mot, la ligne directe est la plus courte, et les *mezzi termini* sont funestes.

Nul enseignement n'est aussi complètement tombé en France que la science du droit. La faute en est aux codes en grande partie. C'est de cette science pourtant que dépend la formation de nos diplomates , de nos hommes d'état futurs. Que serait un jurisconsulte qui ne s'appuierait ni sur la philosophie, ni sur l'histoire? Les anciens magistrats, nourris de l'instruction parlementaire, ne se sont survécu que dans la personne de M. Henrion de Pansay. MM. de Montlosier, Guizot, de Barante, Thierry, Fauriel, Raynouard, ont exploré avec plus ou moins de succès et de renommée quelques parties importantes de nos annales. On trouve dans leurs écrits les résultats d'un coup d'œil plus ou moins philosophique jeté sur l'histoire, la législation, les coutumes et le langage dé nos ancêtres. A-t-on su appliquer à l'étude du droit quelques fruits de ce mouvement remarquable de l'esprit moderne?

Enfin , malgré les désavantages de la position , une foule d'élémens subsistent et réclament une main créatrice, capable de les arracher au néant et de les sauver de l'anarchie. Il y a de l'étoffe en France pour de véritables corps universitaires, où les facultés réunies et en équilibre, se maintiennent et se pondèrent l'une l'autre.

CHAPITRE V.

Du ministère de la justice.

Tout le monde a rendu hommage à l'ordre qui a régné dans l'administration de la justice, sous le ministère de M. de Peyronnet. C'est un excellent administrateur, dont les ennemis eux-mêmes ont été obligés de louer les choix. C'est en outre un homme de cœur. La calomnie la plus basse a vainement essayé de l'atteindre et de le diffamer jusque dans les affections de sa vie privée : si les accusateurs se fussent nommés, on eût pu leur répondre, et dépouiller de tout prestige les existences obscures de ces hommes lâches, qui se cachaient pour frapper.

Après avoir payé ce juste hommage à la vérité, je suis forcé de me prononcer contre la manière dont M. de Peyronnet a compris le gouvernement de ce pays et son aptitude législatrice.

Rien de mieux entendu en France que l'administration. L'ordre et la méthode y règnent. Il n'en est pas de même de la législation, où tout est dans le chaos jusqu'à présent.

Dans ce pays, il n'y a plus de science du jurisconsuite , proprement dite, mais une science d'avocat. Le parquet n'est plus qu'une tribune, d'où l'on croit que d'éclatantes paroles doivent tomber. Ainsi, l'on préfère à la profondeur des débats le luxe de la rhétorique. Une éducation modelée sur le bel-esprit académique atteint le barreau lui-même, qui devient singulièrement dramatique, spirituel , et quelquefois déclamatoire , violent, ampoulé. Les avocats qui se destinent à y briller soutiendraient-ils un examen scrupuleux en droit romain, coutumier, ou canonique? en histoire et en philosophie du droit ? ont-ils étudié cette partie spéciale, qui traite de la confection des lois, partie qui tient au gouvernement, et qui est essentielle à notre système de pouvoir? enfin cette autre partie si importante, qui se rapporte aux relations entre peuples et gouvernemens, et que l'on nomme vulgairement droit des gens?

Depuis la révolution, quelle invasion d'avocats dans les affaires ! Quelques-uns des plus érudits, accoutumés à soutenir les choses légitimes , ont accompli une mission pleine de noblesse , et succombé avec l'ancienne magistrature. D'autres, possédant un fonds de savoir indigeste sur les Grecs et les Romains, plus hardis, plus impétueux que leurs confrères , ont aidé la Constituante et la Gironde à bouleverser l'état. Nous avons vu , depuis la restauration , des avocats plaider pour le Gouvernement, ou s'inscrire en faux contre lui. Beaucoup de talens ont brillé; mais, si l'on excepte M. de Serres, qui est réellement devenu un homme politique , quelle législation a résulté de toute

cette éloquence? quels plans leurs conseils ont-ils mûris?
Un fracas de mots, voilà leur seule conquête, leur
unique ouvrage.

Le même phénomène s'est reproduit en Italie, en
Espagne. Là, les avocats, divisés en défenseurs et en
adversaires des institutions du passé, ont également
fini par se décréter eux-mêmes puissance politique. Ils
ont fabriqué des constitutions et fait retentir leurs
voix jusqu'au sein des masses populaires. Les œuvres
de Beccaria, de Filangieri, de Bentham, de nos révolutionnaires, et un fatras d'érudition apocryphe sur
Rome et sur la Grèce, nous ont valu la constitution
des Cortès de Naples, de Madrid et de Lisbonne.
Dieu sait quelle prévoyance et quelle sagacité profondes ont régné dans une législation fabriquée à
de telles enseignes.

C'est un noble métier que celui de l'avocat. Cham·
pion de la veuve, de l'orphelin, de l'homme frappé
d'une accusation imméritée, il exerce comme un
sacerdoce civil. Trop souvent ce métier devient purement lucratif, et ne sert qu'à de petits intérêts de
vanité. Dans tous les cas, il n'a rien de politique en
lui-même. Il n'ouvre aucune vue sur le fonds même
des choses. Aujourd'hui cependant tout avocat se croit
capable de donner des lois au monde. Soyez jurisconsulte comme Cujas et Dumoulin, comme Lhospital,
Etienne Pasquier, Jérôme Bignon ; soyez profond
dans cette science comme Leibnitz et Domat ; vaste
dans vos aperçus comme Montesquieu, et dites ensuite que vous êtes propre aux affaires. Mais votre

facilité à la tribune ne dénote pas de vocation politique. Le gouvernement représentatif est celui de la pensée d'abord, ensuite celui de la parole. Un peu de réflexion ne nous eût-elle pas sauvé depuis trente-sept années tant de législations improvisées, tant d'inutiles discours?

Les modernes ont eu dans la personne d'Edmond Burke un grand modèle de l'éloquence parlementaire: c'est le Démosthène de notre temps. Nourri de la substance de l'antiquité classique et de l'histoire vivante des modernes, son coup d'œil d'aigle parcourait tous les sujets ; et quand il descendait jusqu'aux détails, il les enveloppait, pour ainsi dire, des ailes fécondes de son imagination brillante. Son éloquence résidait dans la force de la pensée, mariée à la force des choses ; ce n'était pas un vain luxe de mots, cette parasite fécondité de branchages, où la sève énergique s'égare et se perd : son discours, comme une puissante tige, se tenait debout, pour ainsi dire, par sa native vigueur, et offrait les fruits de l'expérience. En Angleterre, l'homme d'état et l'avocat se touchent. Ce dernier est forcé d'être jurisconsulte : il n'a pas cette malheureuse facilité des codes, qui dispensent de toute recherche ultérieure, de toute investigation approfondie de l'histoire. Pour fixer l'attention publique en Allemagne et en Angleterre, il ne suffit pas de posséder le plus beau talent oratoire, accompagné même de grandes ressources dans l'esprit. Il faut y joindre des capacités plus hautes encore.

M. de Peyronnet, si l'on en juge par ses discours

et les lois qu'il a portées aux chambres, aurait voulu influer sur beaucoup de choses; sa réelle influence a été nulle. Le vrai jurisconsulte du ministère était M. de Corbière; il est vrai que pour avancer les affaires, cet érudit jurisconsulte n'a pas fait de grands frais d'imagination. Seul il avait de l'histoire du droit une notion approfondie; seul il en connaissait la philosophie. Ses vastes lectures avaient embrassé les écrivains protestans du seizième siècle, jusqu'à Bayle et l'école hollandaise; même jusqu'au dix-huitième siècle, qui lui était familier. Il savait sur quelles bases on s'était appuyé pour détruire le passé et reconstruire l'ordre social *à priori*. M. de Peyronnet n'en savait guère plus long sur tous ces points que ces évêques dont les mandemens, brûlans d'indignation contre le mal passé comme si c'était le mal présent, se bornent aux généralités les plus vagues, au lieu de poursuivre réellement le sophisme, et de le forcer par de vives raisons dans ses derniers retranchemens.

On a beaucoup déclamé contre la loi du droit d'aînesse, celle des majorats et la faculté des substitutions. Nous avons entendu tonner contre ces idées la voix de ceux-là même qui, dans leur fougue aristocratique, avaient voulu, sous les auspices de M. de Chateaubriand, rendre notre charte aussi anglaise que possible. Mais c'était M. de Peyronnet qui en essayait l'application; qui ne sait que dans notre pays les questions de principes ne sont que des questions de personnes? Les chambres et le gouvernement ont étalé à ce sujet une érudition perdue. De tous les brillans discours dont ces lois ont été le texte, il n'en est peut-être pas un seul qui résistât contre l'examen d'un jurisconsulte maître de la matière. Mais écartons le souvenir de cette discussion plus brillante que solide, plus éclatante par les talens que haute par la science, plus riche en passions qu'en idées : si vous cherchez le fonds de la question même, pensez-vous qu'une parfaite égalité de partage puisse régner long-temps sur un sol vaste, et dont les ressources et les productions sont variées à l'infini? Pensez-vous que sous ce niveau les capacités politiques, les indépendances sociales pourront jamais grandir? Les mœurs, à ce qu'on prétend, résistent à la législation. Je le veux ; mais de deux choses l'une : ou le gouvernement représentatif se concentrera par un mouvement d'aristocratie, intimement lié à la loi des partages; ou il flottera éternellement dans le vague indécis de la démocratie, ballotté entre ses chances éternelles de licence et de ministérialisme.

M. de Peyronnet a peut-être deviné ces choses ; l'exécution a manqué ; la loi ne portait pas le caractère d'une intime conviction. Au lieu de paraître tenir à l'ensemble d'un système vaste et cohérent, elle n'avait l'air que d'une tentative faite pour gagner l'extrême droite; tentative avortée, et devenue simplement du ministérialisme pur.

J'ai, dans l'occasion, proclamé hautement mon opinion sur la loi de police de la presse; une arrière-pensée, non d'anéantissement du libellisme mais d'étouffement des lumières, semblait s'y cacher. Remplie des artifices de la chicane, elle manquait de franchise, de générosité: le véritable caractère de M. de Peyronnet ne s'y retrouvait pas; au lieu d'armer la publicité contre la licence, c'était l'essor de la liberté qu'on paraissait vouloir entraver. Mais respectons les morts: ne troublons pas leur cendre.

Je ne crois nullement que M. de Peyronnet fût l'homme des congrégations, ni qu'il se mêlât aux combinaisons de ceux qui croient faire de la religion à force de lois, de censure, de faveurs, de protections, de gendarmes et de police; en un mot, par quelque moyens coercitifs que ce puisse être. Mais s'il n'a pas été d'accord avec eux, comme le constatent plusieurs tentatives gallicanes faites sous ses auspices, il a fléchi imprudemment devant les exigences du parti royaliste, qui réclamait la loi du sacrilège. Que, dans un état de choses donné, la religion soit, comme à l'origine, mère de l'Etat: que dégénérée en idolâtrie, la religion naturelle soit remplacée par la religion du Christ, et que cette dernière porte à son tour dans son sein l'ordre social et la civilisation qui l'accompagne : que les institutions s'imprègnent de la mysticité des lois de la morale du christianisme : je le conçois : mais ce temps n'est plus ; l'Etat et la religion ont fait divorce. C'est un fait auquel vous êtes obligé de vous soumettre, de quelque manière que vous le jugiez. Et si, dans ces circonstances, vous voulez, comme Bonaparte d'une manière, comme les congrégations d'une autre, employer en sous-ordre les croyances, devenues moyen de police et de surveillance, ce sera les dégrader. Voulez-vous rendre les ames chrétiennes, laissez-les libres. La nature humaine offre toujours au catholicisme un sol prêt à recevoir et développer ses germes divins.

En livrant aux tribunaux l'ouvrage de M. de La-mennais, le gouvernement a fait, selon moi, une grave faute. Homme de courage, homme de génie, cet écri-vain met dans sa polémique un ton d'aigreur et sou-vent de violence, qui, de l'aveu de ses propres amis, dépasse les bornes. S'il ne montre pas assez de défé-rence envers ses confrères ; si ses attaques blessent, moins par le fond que par la forme, la dignité ecclé-siastique de ses supérieurs dans la hiérarchie, c'est l'affaire du clergé, du clergé seul. Que le clergé le censure, s'il le croit nécessaire. Mais faut-il que, par crainte de voir leur dévouement au monarque mis en doute, les prêtres gallicans, soutenus par les autorités laïques, tremblantes d'être aussi accusées de conni-vence avec M. de Lamennais, le livrent à des tribu-naux encore imprégnés, en fait de religion, de toutes les exigences et de tous les préjugés parlementaires : en un mot, de toute l'intolérance que la Charte n'admet plus ? Faut-il que M. de Lamennais expie ainsi le crime d'avoir exposé dans sa totalité une doctrine catholique romaine, dont l'ensemble ne cadre pas avec les réserves du gallicanisme, et d'avoir appliqué cette doctrine aux constitutions de l'Etat ? Certes, la congrégation a montré toute sa lâcheté en sacrifiant M. de Lamennais, dont elle partage mais n'avoue pas généreusement la doc trine ultramontaine. Elle l'a sacrifié dans un accès de courtisan, comme si de nos jours ce qu'on appelle les prétentions de la cour de Rome pouvaient avoir rien de redoutable pour le monarque.

Bien qu'on ait voulu faire de M. de Lamennais comme le bouc émissaire d'une réconciliation tentée entre le gouvernement et la magistrature, et opérée par une application légale des maximes du gallicanisme, telles que les tribunaux les interprètent; mille obstacles s'opposaient à cette réconciliation. J'ai déjà parlé de cette combinaison fatale qui enlevant au jury la question de la presse, la livrait aux tribunaux seuls, et ne trouvait que dans la censure une ressource contre l'indulgence des magistrats. C'était un premier pas qui devait les encourager à tenter de se réserver les jugemens en fait de doctrines ecclésiastiques. L'appel comme d'abus leur souriait dans une perspective lointaine, et leur offrait l'espérance d'une nouvelle puissance parlementaire à conquérir. Elle est dans les mœurs comme dans les souvenirs de la magistrature française. La magistrature et la hiérarchie de l'Eglise sont des forces indestructibles, contre lesquelles la révolution a dû briser l'effort de toute sa violence. Pour détruire la magistrature et le clergé comme corps, décréter leur abolition ne suffisait pas. Il fallait encore *démocratiser* l'une et l'autre, en les soumettant à l'élection du peuple de la commune, ou à celui de la paroisse. Aujourd'hui, les partisans de l'absolutisme soutiennent qu'il faudrait *monarchiser* la magistrature en rendant les fonctions révocables et soumises à la volonté suprême; ce qui produirait, malgré la diffé-

rence du but , le même résultat, l'anéantissement ef-
fectif du corps de la magistrature.

Respectons ces tribunaux qui de tout temps consti-
tuèrent l'honneur et la force de la France. Toutefois
M. de Montlosier, qui leur attribue aujourd'hui, et sur
tous les points , une incontestable légalité, a démontré
mieux que personne à travers combien d'illégalités
ont marché les anciens parlemens. Ils ont dévoré le
régime féodal; enlacé les états généraux , dont ils ont
attiré à eux la plus vigoureuse sève; contribué puis-
samment à les replonger dans l'oubli; pressé de toutes
parts le régime absolu , de manière à l'ébranler dans
ses fondemens ; sapé dans ses bases la constitution du
clergé; prétendu tout envahir, et communes et noblesse, en un mot absorber tout l'héritage du passé.
En dépit de tant d'égoïsme , leur gloire fut noble et
grande. La France , par la vivacité pétulante du
peuple qui l'habite, a besoin d'une plus grande mesure
de légalité que tout autre pays. Enfin, si l'on excepte
les cas particuliers où, juges et partie dans leur propre
cause, les parlemens se montrèrent envahisseurs, passionnés, injustes, on vit l'égide de la magistrature
s'élever toujours entre l'oppresseur et l'opprimé. Les
magistrats courageux lancèrent la foudre sur le peuple
en tumulte, comme ils s'opposèrent aux iniquités du
pouvoir.

Mais il faut prendre conseil du passé, demander des
enseignemens à l'histoire. En respectant profondément
les tribunaux , que les bornes de leur juridiction leur

soient assignées. M. de Serres a démontré combien était
à craindre un envahissement de nos libertés politiques
par la magistrature. Que ni le clergé ni la presse
ne tombent du moins dans ses attributions. Encore
un pas, elle aura reconquis la plus grande part de
son ancienne puissance.

Punir les crimes, distribuer la justice; là se bornent les attributions des tribunaux. Livrez-leur un
Mingrat; que la timidité inquiète ne relâche plus un
Contrafato, pour le soustraire ensuite à l'effet de sa
sentence. Aux yeux de la loi, le prêtre coupable n'est
qu'un criminel vulgaire, dont la vocation sainte rend
la culpabilité plus grave. Si ces deux hommes eussent
subi leur peine, le libéralisme eût été confondu:
l'arme la plus puissante lui fût tombée des mains.
Qu'aurait-il eu à dire? A l'aspect du prêtre criminel,
subissant la commune punition des coupables, toutes
ces belles déclamations sur l'envahissement du *parti-
prêtre* auraient perdu leur pouvoir. M. de Montlôsier a
raison; le prêtre doit être renfermé dans les limites
de ses devoirs: qu'il n'influence pas les élections;
que jamais il ne se permette de recommander ou de
dénoncer, d'approuver ou de calomnier les fonctionnaires. Point de tracasseries dans les familles, ni d'invectives contre les fidèles: aux yeux de la foule, ces
vexations rendent le prêtre odieux et plus ridicule encore. Dès qu'il a lésé les droits d'un citoyen, il tombe
sous la juridiction des tribunaux: mais laissez-lui toute
liberté dans l'exercice de sa mission religieuse; qu'il
prêche à sa guise; et s'il prêche mal, tant pis pour lui.

Maître des sacremens , s'il les refuse ou les administre,
laissez-le faire; et que ses bévues, s'il en commet, re-
tombent sur lui. Je ne vois pas pourquoi l'on repous-
serait le prêtre des fonctions publiques , s'il peut les
remplir. Mais alors la loi le regardera comme député ,
comme pair, comme ministre, non plus comme prêtre.
L'enseignement fait aussi partie de sa mission ; et, quoi
qu'en dise M. de Montlosier, nulle puissance parlementaire n'a le droit de lui prescrire le gallicanisme
ou de lui défendre telle organisation religieuse destinée au bien des fidèles et au salut des ames. Voilà
ce que commandent et la Charte et la raison.

Nous craignons que M. de Peyronnet n'ait pas suffisamment médité cette nécessité des choses..Non , il
n'est pas l'agent des congrégations, mais il n'a pas su
démêler assez complètement leur influence, et deviner
la marche de leurs intrigues. Si les congrégations sont
saintes , pourquoi fuient-elles la lumière? Qu'elles se
montrent. La religion leur sert-elle , comme à ces anciens ligueurs , de *cape à l'espagnole* pour atteindre
un but politique ? qu'on les anéantisse : le salut de la
religion même, outragée par une telle alliance, l'exige.

C'est au gouvernement de veiller courageusement
sur ses droits , de les conserver avec indépendance ,
avec fermeté ; mais qu'il sache aussi respecter les droits
d'autrui, la liberté, la légalité. Sa position deviendra
vraiment forte, parce qu'elle sera vraiment centrale.
Que jamais il ne se laisse envahir dans ses actions par
les congrégations, ni par les tribunaux ; qu'il respecte
chez les uns les libertés religieuses, chez les autres les

libertés légales; qu'il empêche la magistrature d'empiéter sur les congrégations, comme les congrégations sur les tribunaux. Ce qu'il y a d'important, c'est le pouvoir, c'est la justice, c'est la religion, c'est la liberté, leur commun lien; c'est la sphère indépendante où doivent se mouvoir à leur manière et la religion et la justice. Un gouvernement ne peut être grand s'il ne fixe, sous ce rapport, la légalité des pensées et des actions. Alors il n'aura plus à craindre l'acquittement d'un pamphlétaire, sous le prétexte qu'il y a des abus en sens contraire : alors le magistrat qui, par malheur, aurait prononcé quelques paroles dont le gouvernement pût prendre un juste ombrage, serait légalement censuré.

CHAPITRE VI.

Du ministère des affaires étrangères.

Mon intention n'est pas d'approfondir, en ce court chapitre, toutes les questions qui se rattachent à ce département. J'en ferai l'objet spécial de divers traités que j'insérerai successivement dans cette publication. Il me suffira d'effleurer légèrement les plus hautes sommités de mon sujet.

Qu'il me soit d'abord permis de rendre un sincère hommage à M. le baron de Damas, et aux souvenirs de son administration ; une fidèle main se chargera du soin de sa mémoire ministérielle. Il a connu mon langage pendant que son ministère subsistait avec honneur. Il sait mieux que personne que mon dévouement n'a point varié, que je ne fus jamais le parasite d'aucune puissance, mais l'ami constant et respectueux du pouvoir qui daigne accorder quelque influence à mes faibles lumières.

C'est par M. le baron de Damas que je suis resté attaché au ministère de M. de Villèle. C'est lui qui m'a protégé contre les tracasseries que l'on eût pu me susciter d'autre part. Contre moi s'était élevé je ne sais

quel bourdonnement sourd de mauvaises volontés , qui
ne pouvaient supporter la franche déclaration de mes
doctrines , tant dans le *Catholique* que dans le *Drapeau blanc*. Ces doctrines , je les répétais même devant
les hommes du pouvoir : je réclamais nos libertés politiques ; je demandais qu'on employât contre la licence , la publicité , non la censure ; qu'on fortifiât la
religion par la tolérance , non par la police ; la monarchie par la modération , non par l'esprit de parti.
Sans doute cette confession de foi trop haute m'eût
exposé au dard de mes ennemis , si M. de Damas ne
fût constamment intervenu , pour les confondre et
répondre de moi.

D'un autre côté , comme je n'avais pas ménagé le
libéralisme , non dans ce qu'il a d'honnête , d'éclairé ,
non dans les rangs de ces gens de cœur ou de talent
qui ne sont séparés de moi que par la diversité de
croyance ; mais ce faux libéralisme , végétant dans les
derniers bas-fonds de la révolution : superfétation du
régime des jacobins , directoriens , impérialistes ; la
haine implacable de ces derniers versait sur moi toutes
les plates méchancetés et les ignobles mensonges de
certaines feuilles obscures , que l'étranger copiait et
remettait en œuvre , et qui revenaient , ainsi élaborés ,
au ministère des affaires étrangères. Déjà triomphaient
ces hommes , qui ne veulent l'ultramontanisme qu'accompagné de persécution. M. de Damas est encore
venu détruire cette œuvre de la méchanceté.

L'amitié , le dévouement même ne m'eût jamais fait
dévier de mes doctrines ; c'est ce que savent tous

ceux qui me connaissent. Je puis, en toute sûreté de conscience, parler de M. le ministre des affaires étrangères. On avait répandu le bruit qu'il appartenait à la congrégation, et il n'a su qu'aux derniers temps de son ministère, qu'une congrégation existait. Encore n'a-t-il connu que ce qu'elle avait, en certaines parties, d'élevé, de pieux, de pur dans la conduite. L'intrigue et M. de Damas étaient aux deux pôles contraires. Jamais avec plus de piété on ne fut moins intolérant. Il demandait aux hommes, non quelle était leur foi, mais quelles étaient leurs œuvres. La congrégation n'influa jamais sur aucun acte de son ministère.

Elevé dans le Nord, dans toute la sévérité de la discipline militaire, et parlant très-bien une partie des langues de l'Europe, il était loin d'être aussi étranger aux affaires, que l'ont affirmé ceux qui traitent la politique en calembourgs. Rien n'égalait d'ailleurs la modestie de M. de Damas, qui se contentait du travail le plus assidu, le plus constant, et qui laissait aux esprits irréfléchis, réellement étrangers à toute pensée sérieuse et politique, cette ardeur pétulante qui se met sans cesse en avant.

Ensuite, si l'on me demande quel grand résultat a émané de l'administration de M. de Damas, je répondrai que la question n'est pas encore là. Ne demandez point aux hommes plus que les circonstances ne leur accordent. Un génie tout-puissant possède en lui-même des conditions durables, qui se produisent de siècle en siècle à de longs intervalles. Or, nos journalistes demandent toujours au pouvoir l'extrême, jamais le raisonnable, jamais l'utile.

Du temps de M. Decazes, quand la France saignait encore de l''invasion des alliés, une sorte de réaction s'opéra dans son gouvernement. Concentré dans l'administration de l'intérieur, et appliqué aux succès de chambre et de tribune, le gouvernement croyait alors pouvoir dédaigner les affaires étrangères. Il y avait là-dedans du patriotisme sans doute : mais c'était une grande erreur. L'école de M. Royer-Collard a long-temps pensé qu'il fallait, avant tout, que la politique de la France se resserrât dans les limites bornées de son territoire. On se bâtissait une utopie sur la condition de l'existence des peuples. Les cabinets, disait-on, sont surannés ; la Sainte Alliance vieillira. En effet elle a vieilli, elle a fini par s'éclipser. Alors, continuait-on, viendra le tour de la politique des peuples ; politique franche, constitutionnelle, généreuse. Plus de finesses diplomatiques, de guerres d'ambition. Sur la terre entière règnera la morale. Telles furent les opinions accueillies en 1818 par les membres les plus éclairés du gouvernement.

M. de Serres était bien revenu de ces idées, lorsque, au congrès de Vérone, il eut vu de près les affaires. Grand orateur, parfaitement homme de bien, il avait fini par devenir un véritable politique, et l'occasion seule lui a manqué pour se montrer sous un nouveau jour. D'ailleurs les opinions naguère si tranchantes des doctrinaires, commencèrent à se modifier quand le duc de Richelieu parvint au gouvernement. La France était sortie de l'état de crise où elle se trouvait ; sa situation devenait plus calme. Cependant il y

avait encore des conspirations militaires à l'intérieur, et les révolutionnaires espagnols devenaient
menaçans. L'Italie organisait sa fédération, et des
combinaisons révolutionnaires se manifestaient au sein
de l'Allemagne paisible. La France était le point central vers lequel tous ces désordres gravitaient. Au
milieu de ces embarras, quel système de politique
étrangère pouvait-on suivre? D'une part, les peuples
agités par la révolution; d'une autre, les cabinets
unis par le pacte de la Sainte Alliance; les conspira-
teurs s'appuyant sur des poignards, les souverains
sur des baïonnettes, assiégeaient, pour ainsi dire, le
gouvernement des deux côtés. La guerre d'Espagne
seule a débloqué le pouvoir, et rendu posssible un
système de politique étrangère.

Ainsi, le ministère Villèle a possédé un avantage
incontestable sur tous les ministères précédens. Il a
pu embrasser des combinaisons européennes, et jouer
un certain rôle dans les grands débats dont le monde
était agité. Fort de l'obéissance d'une armée éprou-
vée, dévouée à un fils de France, son glorieux capi-
taine, ce ministère s'est vu entouré, dans les élections
de 1824, d'une majorité royaliste que, fraudes élec-
torales à part, la nation lui a envoyée, après la chute
des espérances de la faction révolutionnaire. Celle-ci,
dans ses journaux, s'est tout à coup dite royaliste depuis l'avènement de S. M. Charles X. Il fallait la prendre au mot, l'entraîner jusqu'à un certain point,
même par surprise, et profiter de la victoire pour la
pousser dans un sens vraiment royaliste, agrandir la

chambre des députés en abaissant les conditions d'âge:
ainsi, avec sept années de session, vous auriez marché
vers la reconstruction de la France. Cette combinaison
s'offrait d'elle-même, par la seule force des événemens,
et le ministère ne l'a point saisie, par les raisons que
j'ai indiquées précédemment.

Avant tout, rendons hommage à la vérité. En politique, un pas a été fait hors de la routine du passé.
Ce pas, le ministère l'a tenté même avec une assez
grande indépendance. Il a su briser et renverser ou
éluder les obstacles que lui opposaient ses propres partisans. Il a su braver les factions et les coteries qui, à
la tribune, dans les journaux, dans le public, le com-
battaient avec une diversité et une contradiction de
vues, soumises à l'influence des intérêts et des passions.
Dans le fait, la contre-opposition royaliste, représen-
tée par les deux nuances de la *Quotidienne* et des *Débats*, n'a présenté nulle part au gouvernement un
système unique et une politique d'ensemble ; la première de ces feuilles surtout, qui, plus à même de se
rapprocher du pouvoir, est entrée en des combinaisons anti-ministérielles de formes plus variées. Selon
les passions du jour, on changeait son point de vue
sur les affaires d'Espagne, les plus épineuses de toutes,
et qui ont épuisé les forces de la *Quotidienne* en de ma-
nifestes contradictions. Ouvrir au gouvernement la
double route d'une politique mieux entendue dans les
deux sens opposés, était chose possible. Mais alors il
fallait de la conséquence dans ses propres doctrines ;
il ne fallait point flotter indécis au gré de toutes les

combinaisons anti-ministérielles , suivre les passions d'une minute , et vivre au jour le jour sur leurs nouveaux et perpétuels caprices.

D'un côté, la France ancienne reportait le gouvernement vers la Sainte Alliance , surtout depuis que l'empereur Alexandre s'était détaché des idées libérales. La France moderne, au contraire, le poussait vers des combinaisons contraires , et qui se rapprochent de celles de l'Angleterre. Le gouvernement, dans ce dilemme, avait besoin d'une haute indépendance , d'une grande détermination prise d'avance. Il fallait que la France , dans les choses où elle paraîtrait s'entendre avec l'Angleterre ou la Sainte Alliance , semblât obéir à sa seule impulsion : astre décrivant librement sa route céleste, de manière à se faire tôt ou tard centre d'un système , mais non satellite de l'une ou de l'autre.

Les intérêts de la Sainte Alliance ont été, avant tout, ceux du moment présent. La Russie en était l'ame apparente ; M. de Metternich , organe de l'Autriche, auteur du système de *statu quo*, en était le moteur réel. L'Autriche redoutait la Russie , seule puissance du continent dont la force militaire fût encore aveugle en son obéissance, et dont les frontières ne pussent être entamées d'aucune part. D'ailleurs , Alexandre recherchait les alliances de sa maison avec d'autres maisons d'Allemagne et des Pays-Bas ; de sorte que l'Autriche pouvait craindre de voir des intérêts russes venir s'implanter au sein de la Germanie même. et menacer son repos. Il y avait aussi beaucoup trop de rapport entre les mœurs et le langage russe, et ceux d'une puissante population slavo-autrichienne, pour que cette complication embarrassante n'occupât point le cabinet de Vienne. Le chef-d'œuvre du prince de Metternich fut donc de neutraliser, en quelque sorte, entre ses mains la puissance de l'empereur Alexandre, de le détacher des idées libérales, inapplicables en Russie, mais qui eussent procuré au Czar la clientelle des peuples étrangers : enfin de faire goûter au cabinet de St.-Pétersbourg un *statu quo*, pour lequel aucun de ses intérêts ne devait lui inspirer d'engouement.

L'Autriche touchait, par l'Italie, à la révolution et aux doctrines qui ont changé la face du globe et fait le tour du monde. Nulle puissance du Nord n'avait à redouter davantage la crise révolutionnaire, dont le midi de l'Europe était incessamment menacé. Mais ce cabinet tira parti, avec son ordinaire habileté, des semences de désorganisation répandues dans les universités allemandes, et parmi les jeunes officiers russes, qui avaient eu avec l'étranger le contact le plus intime. Au fond, ni la Prusse, ni surtout la Russie n'avaient à craindre sérieusement de machinations anti-nationales. Les habitans de ces contrées n'y étaient préparés d'aucune manière. Mais l'Autriche sut habilement fixer leur attention sur ces désordres; et forte de toute la force de la Sainte-Alliance, elle entreprit de combattre la révolution en Italie, et porta la France à l'attaquer en Espagne. Ce fut là que s'arrêta la Sainte-Alliance, le dernier effort de la politique au-

trichienne. La Grèce, d'une part, de l'autre, l'Angleterre, vinrent contrarier les combinaisons des hommes
d'état du passé : une nouvelle scène s'ouvrit.

Quoique Alexandre ait pu connaître les machinations révolutionnaires de quelques écervelés de sa
garde; et quoique le gouvernement de la Prusse ait
dû apprendre avec douleur les trames bizarres de
quelques jeunes universitaires : cependant la fidélité,
l'incorruptibilité même (provisoire il est vrai), de
l'immense majorité de leurs sujets, ne souffraient aucun doute. Les provinces rhénanes peuvent, si l'on
veut, former une anomalie avec le reste de la Prusse ;
mais l'esprit de ces provinces n'est rien moins que révolutionnaire. C'est un esprit catholique sous beaucoup
de rapports, comme dans les Pays-Bas ; un esprit que la
révolution n'a pu dompter, et que le protestantisme
essaierait en vain d'altérer, mais qui ne présente à la
Prusse nul danger réel. Il fallait donc tôt ou tard que
les alarmes semées par le prince de Metternich, et la
frayeur inspirée par les désordres visibles au sein de
ces deux états, cédassent à la réalité des choses, et que
toutes ces conspirations de militaires et d'étudians pa-
russent ce qu'elles sont en effet, privées de racine dans
le peuple et dans la bourgeoisie, aussi bien que directement contraires aux intérêts bien entendus de l'aristocratie.

Lorsque se prépara la révolution de la Grèce, l'Autriche se sentit frappée dans les profondeurs de ses
entrailles. Elle distingua fort bien les deux élémens
de cette révolution, dont l'un est purement grec,
borné et circonscrit dans une nationalité spéciale, et

qui n'offre à l'Autriche d'autre inconvénient que de voir la Russie intervenir en cette affaire. L'autre élément tient au mouvement démocratique, qui agite les peuples d'Europe. Il est factice, et a été transplanté chez les Grecs, du sein de l'étranger. C'était celui qui paraissait menacer directement l'Autriche dans ses possessions d'Italie. En effet, dans les troubles de la Grèce, elle n'a vu qu'une tentative européenne coïncidant avec celle des Cortès de Cadix, parente des troubles de Naples et de Piémont, qui menaçaient le Milanais. Constamment occupée d'un intérêt dont son salut dépendait en quelque sorte, elle réunit tous ses moyens pour indisposer l'ame loyale de l'empereur Alexandre, non contre les Grecs, mais contre les Européens, dont l'Autriche lui montrait la main cachée, semant en secret les troubles qui déchirent l'Empire Ottoman. Ce n'étaient plus de malheureux chrétiens, las de vexations et de la férocité des pachas ; mais les agens d'une propagande libérale, qui conspirait dans le midi et au centre de l'Europe. Voilà comment on les repoussa du Congrès de Vérone ; et pourquoi l'Autriche s'opposa à ce que le Pape ne considérât l'affaire des Hellènes comme la cause commune de la chrétienté ; point de vue qui s'accordait assez avec les idées du Vatican.

Rien de mieux entendu dans l'intérêt de l'Autriche. Cela se conciliait jusqu'à un certain point avec la paix du monde. Mais rien de tout cela, n'assurait encore la durée du *statu quo*, de cet état par lequel on voulait immobiliser le monde, et empêcher les choses d'éclore et de se manifester, en les retenant soigneusement dans leur germe. On a prétendu, mais sans raison, que l'Autriche était à la tête d'une conspiration d'absolutistes ; qu'elle prétendait marcher à la contrerévolution, non point avec une armée de prêtres et de jésuites (jamais elle ne leur fut favorable); mais avec une armée d'agens de police et de censeurs. Rien dans la politique autrichienne n'annonce un plan aussi déterminé, ni surtout aussi téméraire. Le *provisoire* était son fait : elle voulut que tout s'y perpétuât ; elle disait qu'on ne doit rien brusquer, rien innover, rien altérer. A merveille pour l'Autriche même, appuyée sur le centre solide d'une population fidèle, vulnérable en Italie, mais commandant à une armée capable de tenir ce pays en bride. Pour le reste de l'Allemagne, rien de plus impraticable; là existaient, avec des intérêts divers, un mouvement de l'esprit, une influence de la part de l'étranger, inconnus à Vienne. Cela était surtout impossible, par rapport à la France, où nulle censure ne peut empêcher les factions de se développer et de grandir ; où le gouvernement représentatif a trop de force, pour que le ministérialisme puisse l'étouffer doucement dans ses étreintes.

J'ai donc eu raison de dire que la Sainte Alliance a fini, au moment même où elle semblait avoir atteint son apogée par les succès d'Italie et d'Espagne. Engagée dans cette alliance, la parole de l'empereur Alexandre lui conservait encore un souffle de vie. Mais ce monarque mourut, et sur son tombeau l'édifice de la politique de M. de Metternich tomba en ruines, quel que

fût le talent qui l'eût construit. La France, lorsqu'elle
put, après la guerre d'Espagne, reparaître sur la scène
politique, avec une volonté tant soit peu propre à son
cabinet, se trouvait déjà placée, par la force même des
choses, en dehors d'une alliance dont les combinaisons avaient vieilli, au moment où on les supposait
fortes et puissantes.

L'Angleterre alors se présenta sur la scène. Elle
avait sur le continent deux points d'appui, l'un aux
Pays-Bas, l'autre dans le Portugal. Alliée naturelle de
l'Autriche, pour nous servir de la vieille expression de
la diplomatie ; inquiète sur la Russie et la France ;
considérant le nord de l'Allemagne comme plus ou
moins engagé dans un système russe, sous prépondérance prussienne; voyant le midi de l'Allemagne rallié
à un système autrichien, que ne balançaient plus les
anciens intérêts de la diplomatie française : l'Angleterre devait craindre, avant tout, que la Russie, entraînant la Prusse dans son mouvement, ne remît en
œuvre contre elle quelque débris de l'ancien système
continental de Bonaparte. Rien de tel n'était à redouter avec l'Autriche, et la prépondérance de cette puissance dans le Piémont et à Naples, depuis que la
France avait cessé de peser dans les destinées de ces
royaumes. Lord Castlereagh, quoique la constitution
de son pays ne lui permît d'embrasser entièrement
les vues de la Sainte Alliance, vit cependant et ba-
lança dans son esprit cet état des choses. Il consentit
au système autrichien du *statu quo*, que l'empereur
Alexandre, par esprit de chevalerie, avait adopté,

comme nous l'avons vu , quoiqu'il ne servît en rien la cause russe.

Mais devant lord Castlereagh un nouvel horizon s'ouvrit, quand la révolution de l'Amérique espagnole mit les intérêts britanniques à une rude épreuve , et tendit à consolider de plus en plus ses destinées par une émancipation définitive. C'en était fait. Sous ce rapport dont l'importance était majeure, il n'y avait plus à balancer. L'Angleterre fut forcée de se séparer de l'Autriche, sans que cette division entraînât l'inimitié des cabinets, qui avaient besoin l'un de l'autre sur tant d'autres points, et que l'influence russe menaçait également. Cette division, qui éclata à Vérone, marqua le terme de l'administration Castlereagh, dont le chef, fatigué de recommencer sur nouveaux frais une nouvelle politique, mit fin à ses jours. Cependant cette scission fut éludée, autant que possible, dans la guerre d'Espagne , où l'Angleterre se contenta, comme dans la contre-révolution du Portugal, d'une stricte neutralité : espérant prendre sa revanche et réparer le tort fait à ses intérêts dans l'Amérique ci-devant espagnole et au Brésil. Ici la Sainte Alliance fut impuissante pour atteindre la Grande-Bretagne, malgré les vœux contraires de l'empereur Alexandre, qui, dans sa ferveur de *statu quo*, eût été plus loin que la prudente Autriche , seule intéressée à cette immobilité; mais rejoindre deux hémisphères que l'Océan sépare, n'était pas au pouvoir du plus puissant monarque du monde.

Disciple de Burke et de Pitt, tory d'origine, ennemi

de la révolution française et de la puissance napoléonienne; mais pénétrant habilement la nouvelle face
que prenaient, par rapport à la Grande-Bretagne, les
intérêts de la Sainte Alliance, surtout depuis que l'empereur Alexandre paraissait vouloir s'emparer des résultats de la guerre d'Espagne, et encourager Ferdinand dans son expédition d'outre-mer : M. Canning,
dis-je, cosmopolite par la pensée, Anglais avant tout;
également éloigné du libéralisme et de l'absolutisme,
proclama ce principe fécond de la liberté civile et
religieuse dans les deux hémisphères. Etait-ce donc
à la masse révolutionnaire qu'il voulait plaire, lui,
l'antagoniste ardent de la réforme parlementaire, et
dont le caractère est bien moins novateur que celui
de son collègue M. Peel? Nullement; son intention fut
d'effrayer l'absolutisme de la Sainte Alliance, dès qu'il
s'aperçut que l'inspiration de la Russie, régnant dans
les conseils de Ferdinand, allait donner à cet absolutisme un caractère directement hostile aux intérêts de la Grande-Bretagne. Alors le cabinet de Wind-
sor souleva son trident. L'Amérique ci-devant espagnole fut appelée à une existence indépendante.

Si la Sainte Alliance, mécontente de voir l'Angleterre s'éloigner, dans l'affaire de la Péninsule,
des intérêts continentaux, n'eût pas précipité les
conseils de Ferdinand vers un absolutisme que
l'Angleterre crut hostile à ses vues ; peut-être
M. Canning n'eût-il pas agi d'une manière aussi
déterminée, par rapport à l'Amérique espagnole. Ici je
laisse de côté la partie morale de ces combinaisons,

pour n'envisager que leur caractère politique, d'un
manière purement et sévèrement abstractive. Plus l
cabinet de Madrid montrait d'absolutisme et d'union in
time à la Sainte Alliance ; plus la Grande-Bretagne fu
ardente à chercher des contre-poids dans l'émancipatio
des colonies espagnoles, puis dans les conseils de do
Pèdre, excité à donner au Portugal un gouverne
ment représentatif. Elle avait à craindre en effet que l
Portugal, depuis sa contre-révolution, ne retombâ
sous la protection de l'Espagne, et n'entrât dans l
système de la Sainte Alliance. Malheureusement do
Pèdre ne consulta pas l'expérience de la Grande-Bre
tagne sur la nature de ce gouvernement. Il emprunt
maladroitement ses combinaisons aux Cortès de Cadix
et autres imitateurs de la Constituante de France
au lieu de construire un édifice social avec des maté
riaux vraiment portugais, comme lord Bentinck e
avait construit un en Sicile avec des matériaux vrai
ment siciliens.

Par l'absolutisme de Ferdinand, que la Sainte Al·
liance encouragea, je n'entends nullement parler de ce
ancien régime de Camarilla, dont l'incohérence se ré
vèle à tous les yeux ; mais d'une doctrine de ministé·
rialisme européen, soumis à une bonne administration
dans le sens de nos idées actuelles. Ainsi, ni la Cama·
rilla, ni les apostoliques ne rencontrèrent un appui sta·
ble, vrai, permanent, dans les agens de la Sainte
Alliance. Les Carlistes et partisans du *Rey neto*, fau·
teurs d'inquisition, de réaction par armement de vo·
lontaires royalistes, trouvèrent un obstacle dans les

cabinets alliés. Mais M. Zéa obtint leur appui, parce
que l'on voulait que l'Espagne eût son système de finances, de police, de guerre , de marine, telles que
ceux qui, à quelques nuances près, existent à Pétersbourg, à Berlin , à Vienne et à Paris , partout enfin où,
sous diverses formes , domine le moderne génie d'administration. Malheureusement on ne calcula point
assez que les mœurs des Espagnols, l'indépendance et
même la sauvagerie de leurs habitudes, et tout ce qui
leur restait d'antiques et respectables institutions municipales, se refusaient obstinément à cet ordre nouveau.
En Espagne, ni les Cortès, ni la Camarilla, ni les apostoliques, ni M. Zéa, avec son système administratif, ne
sont véritablement de mise. Il faut un gouvernement qui
sache activement s'emparer de l'élément national, en
le dépouillant de sa rouille pour développer un germe
de vie nouvelle qu'il contient et qui y sommeille.

Cet état de choses constaté, jetons un coup d'œil
sur le jeu de la politique française, dans la ligne intermédiaire qu'elle voulut suivre entre l'Angleterre et la
Sainte Alliance ; elle se trouvait pressée par les doubles intérêts de la France ancienne et de la France
moderne , dont la Charte avait proclamé la fusion.

Les vues du parti royaliste ministériel avaient une
étroite liaison avec les combinaisons de M. de Metternich par rapport au *statu quo*, à la censure, au maintien
de la Charte, mais toujours confiée à l'administration
du parti, mais soutenue par des préfets bien pensans,
des élections bien pensantes , sans bruit , sans scandale, sans beaucoup d'actions ni d'idées, avec une re-

ligion selon la cour et les besoins ruraux ; une religion
prêchant la soumission au pouvoir, et recommandant
surtout aux classes inférieures l'horreur de la lecture,
parce que, quiconque lisait un livre de piété, pouvait
tomber aussi sur un livre d'impiété. M. Madrolle et ses
ouvrages pouvaient se trouver sous la main, mais tel *Résumé* pouvait y tomber aussi. Enfin on demandait une
loi de la presse contre la réimpression de Volney, Diderot, Voltaire , et pour répondre à la sollicitude des
évêques en faveur de la moralité de leur troupeau.
Telles étaient les vues à demi honnêtes, à demi égoïs-
tes de ce parti. M. de Villèle pensait avec trop de liberté
pour ceux qui le soutenaient : mais il leur concédait
les emplois. Il ne les choquait pas dans l'intérieur de
l'administration et des provinces ; leur donnait des espérances, des promesses, et tenait ce qu'il voulait tenir : ce qui suffisait à ces royalistes. Du reste ils se
reposèrent sur son habileté dans les affaires d'Espagne.
Si M. de Villèle contrariait les absolutistes purs , nos
royalistes ministériels pouvaient en gémir, mais seulement *in petto :* il devait, selon eux, savoir ce que c'était
que M. Zéa, un peu trop noirci par leur *Quotidienne.*
Si l'Autriche était plus absolutiste que le cabinet des
Tuileries , c'est que probablement cela tenait, selon
eux , à la position de la France, qui avait sa Charte et
ne pouvait paraître trop anti-constitutionnelle aux
yeux de l'étranger. Mais le caractère connu de M. Zéa,
son patriotisme espagnol , son aversion des désordres de la Camarilla et des folies apostoliques, son
éducation administrative et ministérielle moderne ,

pouvaient, selon eux, servir en quelque sorte de plas-
tron pour cacher aux yeux du monde, sous l'apparence
d'une raison d'état plus conforme aux idées du temps,
un absolutisme chéri.

La congrégation, considérée dans sa liaison avec
M. de Villèle, était réellement apostolique dans ses
vœux, mais sans audace espagnole, sans brigue ouverte, sans faction téméraire, et aussi sans le délire
de ses amis d'au-delà des Pyrénées. C'était en France
que vivait la congrégation. La révolution, il est vrai,
ne lui avait pas servi de leçon, mais l'avait forcée à
un peu de prudence. Si les royalistes ministériels se
bornaient à de timides et faibles doutes, à des conso-
lations plus timides encore ; c'est tout haut que la
congrégation murmurait au contraire. Si elle ne devint pas hostile au premier ministre, c'est qu'elle le
regardait comme un homme de transition pour parvenir à la puissance. Mais M. de Villèle savait très bien
que la congrégation n'avait pu la conserver, et se
moquait de sa manière de le considérer comme purement transitoire. Les hommes qui se faisaient avec la
politique une religion, avec la religion une politique,
lui étaient nécessaires parce qu'il voyait en eux un des
faibles du parti de la cour, et que nul ministère en
France n'a encore su entièrement s'affranchir de cette
puissance de cour, toute mince que puisse en être l'influence.

La partie de la congrégation qui tenait à la contré-
opposition se jeta d'abord dans la *Quotidienne* pour y
faire le siège du ministère espagnol et du ministère

français à la fois. La partie de la contre-opposition hostile à la congrégation planta son drapeau dans l'*Aristarque*, où elle commença la même guerre avec les mêmes
armes. C'était une mêlée en faveur de la Camarilla et
des apostoliques contre MM. Zéa et de Villèle. Personne au fonds n'y entendait rien. Comme des Espagnols étaient correspondans de ces deux feuilles, et
que, plus passionnés que réfléchis, ces Espagnols n'é-
taient pas éclairés sur leurs propres systèmes, ce fut
contradiction universelle ; une cohue d'intérêts, de
haines, de désirs, de colères, qui n'attendait pour témoigner toute la vivacité de son incohérence que l'espace de vingt-quatre heures, et dont la même correspon-
dance conservait presque toujours les traces. La confusion était au camp d'Agramant ; babils, caquets éternels,
nul élément dominateur. Les gens d'esprit qui rédi-
gent la feuille de M. Michaud, les gens de courage
qui écrivaient dans celle de M. de Labourdonnaye ne
possédaient point le fil qui eût pu les guider dans la
connaissance des partis de la Péninsule. Ils ne voyaient
là dedans que M. de Villèle, et de l'opposition à faire,
de quelque manière que ce fût, contre le premier ministre. A cela tout était bon, pourvu que l'on criât
bien fort et que l'on semât partout l'alarme. Mais si
l'on eût connu la Péninsule et qu'on eût surtout appris à la connaître ailleurs qu'au sein des intrigues de
Madrid où l'ignorance est extrême ; on eût fait une
autre opposition singulièrement plus formidable au
premier ministre que ne l'était cet écho tumultueux
des dires et des injures des salons et de la cour, tant
à Paris qu'à Madrid.

Ainsi M. de Villèle navigua sous pavillon Zéa entre tous les écueils dont l'entouraient les diverses combinaisons de son propre parti et quelques combinaisons de droite. Quoique la Russie parût d'abord encourager un peu l'apostolisme dans la personne de Victor Saëz, qui lui semblait offrir le parti le plus conséquent et le plus déterminé ; quoique l'Autriche se rapprochât davantage de l'absolutisme plus pur et plus absolu de la Camarilla : la Sainte Alliance, d'un commun accord, finit cependant par agréer le ministérialisme de M. Zéa , ce qui n'était pas un médiocre triomphe pour M. le président du conseil. M. Zéa , même tout opposé à l'émancipation américaine, tout ennemi qu'il pût être de la politique Canning , ne déplut pas à l'Angleterre, qui le trouvait plus raisonnable et plus traitable que la Camarilla et les apostoliques ; ces derniers, de gré ou de force , prétendaient s'immiscer dans la contre-révolution du Portugal, et s'y unir étroitement avec le parti qui avait détruit la constitution démocratique imposée au feu roi. Mais comme nous l'avons vu , la base sur laquelle s'appuyait le ministère espagnol était étrangère à la nationalité véritable de son pays. Il avait un caractère exotique, et si ses efforts pour rétablir le bon ordre étaient louables , jamais cependant il ne devait jeter dans le sol des racines profondes.

M. de Villèle, triomphant dans les cabinets alliés , n'en fut pas plus fort vis-à-vis la contre-opposition , ni surtout aux yeux de cette nuance royaliste qui avait pris asile dans les *Débats* dès que M. de Chateaubriand s'était éloigné du ministère. Ce journal, après un chaos violent de contradictions causé par le besoin de faire de l'opposition à tout hasard, établit enfin sur les affaires de la Péninsule, et spécialement sur les hommes qui s'y mêlaient, une opinion plus cohérente que l'*Aristarque* et la *Quotidienne*. On voyait ces deux feuilles soutenir assez bien les doctrines de l'absolutisme et de l'apostolisme castillan : mais quant aux hommes, c'étaient tour à tour des éloges et des dénigremens, venus de Madrid, où des truchemens ignares se constituaient les interprètes, non des véritables intérêts de parti bien constatés, mais des intrigues de coterie et des déchiremens intestins de la Capitale. Il est vrai que les Débats, mieux informés de la partie morale de leur sujet, péchaient par la doctrine; car si l'on eût été conséquent, on eût soutenu dès l'origine le ministère Zéa, qui s'éloignait le moins possible de l'ordonnance d'Andujar, et s'opposait de son mieux aux réactions. Aussi les Débats, quand M. Zéa est tombé, et qu'il n'a plus fallu battre, comme on dit, M. de Villèle sur le dos de cet homme d'état, ont-ils donné des éloges au ministre espagnol : non qu'il crût à la possibilité de faire prospérer en Espagne une Charte française, que souhaitaient les *Débats;* chose incompatible, et avec la volonté de Ferdinand, et avec celle de la vieille Espagne; mais il ne regardait pas comme inexécutable de lui donner quelque équivalent des formes administratives modernes.

La Quotidienne a offert un autre exemple très-remarquable de cet entraînement aveugle des esprits vers une passion quelconque. Après avoir contribué à la chute de M. Zea, en servant d'écho aux partis dont la Péninsule était agitée, cette feuille soutint celui qu'elle avait abattu. Pure inconséquence de la part de la Quotidienne, qui modifia ainsi son anti-villélisme, sans le savoir elle-même. Quand les Camarillas et les apostoliques d'Espagne eurent triomphé dans la personne du duc de l'Infantado, ils trouvèrent ce dernier inférieur à leurs espérances, et jetèrent les yeux sur M. Zéa, auquel ils avaient tout refusé naguère, et dont ils se mirent à vanter l'activité et l'ordre. Cette nouvelle disposition des esprits trouva encore dans la feuille française son véhicule tout prêt.

Même contradiction à propos de Taddeo de Calomarde. La Quotidienne en fit son héros, tant qu'il parut rivaliser avec le duc de l'Infantado, jadis adoré. Il ne fut bon à rien quand il eut, à l'exclusion de ses collègues, saisi le timon des affaires. Ce qui donne la clef des contradictions de la Quotidienne, c'est que le ministère de France, zéiste en principe, mais toujours censé devoir tendre la main aux événemens, avait successivement, et sous les auspices d'une politique expectante, essayé de se caser tant bien que mal avec le duc de l'Infantado et Calomarde. Cependant la Quotidienne semble n'avoir rien compris aux fréquentes et singulières contradictions d'après lesquelles ses correspondans espagnols agissaient.

Le cabinet français fit, par rapport à l'Amérique, un premier pas en dehors du cercle tracé par la Sainte Alliance, qui d'ailleurs, à cette époque, penchait vers son déclin. Loyalement secondé en cela par les vertus de M. le baron de Damas , comme nous l'avons déjà dit, M. de Villèle se plaça au-dessus des préjugés de son parti. La position était difficile : ne pas offenser l'Espagne, ne pas méconnaître un grand principe de légitimité, sans sacrifier les plus évidens intérêts du pays à l'aveuglement du cabinet espagnol, qui s'acharnait à l'impossible , perdait le lendemain ce qu'il eût pu obtenir la veille, et rendait par sa maladresse toute transaction inexécutable. La contre-opposition, qui avait murmuré contre les diplomates de la Sainte Alliance quand ils soutenaient M. Zéa , se mit à louer les mêmes diplomates, dont les souverains, n'ayant rien à craindre de l'obstination espagnole, et ne faisant valoir que des intérêts très-minimes dans l'Amérique espagnole , parurent voir avec peine la semi-reconnaissance accordée à l'indépendance de ces colonies par le cabinet français. Le Journal des Débats, au contraire, témoigna une certaine satisfaction , bien que les demi-mesures lui déplussent, et qu'il eût voulu une reconnaissance, relative sans doute , mais entière, comme celle de l'Angleterre. Car la Grande-Bretagne a reconnu les Etats de l'Amérique , sauf à faire valoir les droits de l'Espagne si elle venait à les reconquérir.

Du reste rien ne serait plus curieux qu'une analyse des contradictions de cette feuille, aussi-bien que de celles de la contre-opposition , par rapport à la politique étrangère. En principe, les Débats avaient l'air de reprocher à M. de Villèle de ne pas suivre les erremens de la Russie en Espagne. C'était au moment de la formation du ministère Zéa , auquel la Russie semblait contraire et M. de Villèle favorable. Plus tard la feuille de MM. Bertin revint à son caractère véritable; l'esprit d'opposition ne la mit plus en contradiction avec ses propres principes ; mais elle blâma, quant à l'exécution, ce qui avait été fait dans sa propre direction. En général (il faut le dire en son honneur, et malgré le chaos des passions tumultueuses qui s'agitent dans ce journal), il a du moins un caractère qui manque essentiellement aux autres feuilles royalistes, ministérielles ou anti-ministérielles. Si l'on excepte ses colères , il a un système , bon ou mauvais, à faire valoir. Si ce système est plus brillant que solide, plus extérieur, pour ainsi dire, qu'intime et vrai; si l'on y remarque souvent moins de cohésion dans les idées que de fracas dans les mots; c'est, à tout prendre, et malgré mon aversion pour quelques-uns des principes de cette feuille , notre meilleur écrit politique.

Il est vrai que, tout en louant la tendance de M. de Villèle à servir, par ses transactions avec l'Amérique, quelques-uns des intérêts de la France moderne, ses adversaires le blâmaient de n'oser avouer franchement aucun système là-dessus, dans la crainte de se compromettre avec son parti : politique qu'ils nommaient traînarde, et qu'ils accusaient de se laisser mener à la remorque de l'Angleterre, pour les affaires du dehors, comme, pour la censure, la police, l'administration, il se traînait, selon eux, à la suite de la Sainte Alliance. Ces termes de mépris sont injustes, et méritent d'être examinés.

Les généraux illustrés dans les armées de Bonaparte, maintenant orateurs distingués dans les deux
chambres, Foy, Sébastiani et leurs collègues, dont
la renommée est aussi grande et aussi bien assurée,
habitués à voir Napoléon agir en maître du monde,
se persuadèrent que la France pourrait continuer vis-
à-vis de l'étranger cet absolutisme du commandement,
cette impérieuse brièveté de paroles, ce mépris des
barbares du Nord, comme le disait naguère le général
Foy, d'illustre mémoire; barbares qui comprenaient,
suivant lui, et les Russes et les Suédois, Prussiens,
Hanovriens, habitans de l'Autriche. Le général Sébastiani n'a pas cette âpreté de pensée, cette rudesse
de forme; mais au fond, il pense toujours (et c'est
ce qu'ont prouvé ses discours par rapport aux affaires d'Orient) que le cabinet des Tuileries pouvait encore faire de la diplomatie, comme l'ont
faite MM. le duc de Cadore et de Bassano, ou
comme M. le comte de Caulaincourt. Ces fumées
d'une vaine gloire napoléonienne ne font que créer un
faux amour-propre national, dont une raison mâle
devrait savoir se défaire. Il faudrait jeter un regard
scrutateur dans la nature réelle des choses, lui demander d'audacieuses combinaisons, et suivre enfin
un plan plus élevé, plus noble que cette violence d'un
système bonapartiste, tant soit peu brutal , ignare
même , comme les résultats l'ont prouvé.

Au reste, je sais pénétrer la pensée du parti libéral vis-à-vis de l'étranger. Alliance avec les peuples;
guerre aux cabinets, surtout à ceux qui se montrent

plus ou moins hostiles aux vues de la secte ; haine
avant tout à l'absolutisme autrichien ; moins au régime
de la Prusse, qui possède des hommes d'état moins
opiniâtres que le prince Metternich dans leurs idées
anti-libérales ; tantôt haine, tantôt caresses pour la
Russie; mais un soin continuel de déguiser la haine
de cette puissance; car le Czar n'est point vulnérable
dans ses états ; caresses prêtes à prendre les devans
de la flatterie, dès que le Czar paraît en collision
avec l'Autriche, et que l'on espère voir sa politique
étrangère se relâcher en fait d'absolutisme, et perdre
quelque chose de son obstination contre le libéralisme.
Depuis la mort de Lord Castlereagh, éloge enthousiaste de M. Canning : on frappe en son honneur des
médailles; mais si les torys allaient ressaisir le pouvoir,
on garde en réserve un dépôt secret de colère contre
eux, on recommence les plaintes amères contre le
machiavélisme anglais et son abominable aristocratie
féodale.

Dès que l'on observe cette marche, et que l'on
comprend ce langage, il est aisé d'interpréter les désirs de ceux qui le tiennent. On pousse les peuples
de tout son pouvoir dans les routes d'un système
d'égalité, pour fraterniser avec eux au nom des lumières du siècle. Plus de conquêtes ; paix universelle ;
guerre au machiavélisme des cabinets; que la France
lève le bouclier contre la Sainte Alliance : qu'en Espagne, en Amérique, dans le Portugal, elle tende
la main à l'Angleterre ; qu'en Allemagne, elle s'unisse
aux princes de la ci-devant confédération; qu'elle en-

courage en Italie les imitateurs piémontais et napoli-
tains des Cortès de Cadix ; qu'en Orient elle soit grecque, de concert avec la Russie. Cela est tout simple : et
si l'on a le pouvoir, si l'on frappe le sol pour en faire
jaillir des hommes armés, on a de nouvelles troupes,
aguerries comme celles du Directoire; tout est possible,
on s'immisce impunément dans les discussions intestines des autres états, on fomente des partis, on
ébranle les gouvernemens; la France redevient l'idole
de l'Europe libérale, mène les affaires du continent,
et fait trembler les cabinets. D'accord avec l'Angleterre, elle partage le bénéfice de l'Amérique et fait
partager avec son alliée les bénéfices du continent. Tel
est le dernier résultat, le point culminant de la gloire
libérale. Il est inutile, pour mettre en œuvre cette révolution, de connaître à fond les ressources et la situation morale de l'étranger. Telle est la diplomatie
fort évidente du *Constitutionnel*, du *Courier français*,
du *Journal du Commerce*, voire même de la *France
chrétienne*. Pour rendre hommage à la vérité, ajoutons
que le Journal du Commerce soutient ces doctrines
avec un grand amour de la paix universelle, comme
la désiraient MM. Ternaux et Lafayette, quand ils
prétendaient que les gardes nationales devaient servir
d'armée permanente. Les autres feuilles, au contraire,
imbues, soit des souvenirs de la révolution, soit de
ceux de l'empire, ont l'humeur bien plus belliqueuse,
et ne font point aussi bon marché d'une diplomatie
patriotique, soutenue par la gloire de nos armes.

Mais comment se peut-il faire que ce qui convient à

la politique du parti libéral , convienne d'une manière aussi décisive, quoique dans un sens différent, à la politique du parti royaliste? La contre-opposition n'exige pas, il est vrai, que le cabinet des Tuileries pense comme la révolution, ni comme l'empire ; à la Quotidienne, on voudrait quelque chose du cardinal Mazarin ; à l'Aristarque , quelque chose du cardinal Richelieu. Que la France soutienne l'Espagne à toute outrance ; qu'elle lui livre flottes et armées, aussitôt après la conquête de Cadix, et en dépit de la résolution de l'Angleterre, décidée à une guerre d'outre-mer ; qu'elle chasse les Anglais du Portugal , et soutienne le parti de la Reine-Mère. Qu'en Orient elle soit turque : car suivant la Quotidienne (en ce point seul dissidente de l'Aristarque et de M. de Bonald), nos intérêts commerciaux sont ceux de la Turquie. Soutenons la Prusse, l'Autriche et la Russie, quand ces puissances nous laissent faire dans la Péninsule, surtout quand elles nous aident à consolider le pouvoir royaliste à l'intérieur. A ces conditions , le Bourbon de Naples et le prince allié qui gouverne en Piémont ne tourmenteront pas la domination autrichienne en Italie : à ces mêmes conditions, la Russie pourra conquérir la Perse et s'allier indéfiniment avec les familles d'Allemagne, pourvu qu'elle ne trouble pas le repos de la Turquie. Ainsi nos alliances à l'étranger auront de la grandeur ; nous dominerons la Sainte-Alliance au midi, comme la Russie la domine au nord. L'Angleterre saura qui nous sommes; M. Canning désavouera son langage hostile et changera de conduite par rapport à l'Amérique ; sinon!...

Ce *quos ego*, et les raisonnemens qui l'appuient, n'entrent pour rien dans la politique des Débats. Un géographe érudit, un homme d'imagination et de talent, feu Malte-Brun, écrivain peu ordinaire et souvent remarquable par la pensée, lorsqu'il ne se mettait pas en frais de légèreté, avait combiné une alliance de l'Europe constitutionnelle pour tenir en échec l'Europe absolutiste. Il n'y aurait eu ni paix, ni guerre, mais trève indéfinie. La France eût porté Ferdinand, soit à rétablir les anciennes Cortès du royaume, soit à accorder à ses peuples une Charte modelée sur la Charte française. Le pacificateur d'Andujar, nouveau Brenns, eût jeté son glaive dans la balance et commandé au destin. L'Angleterre eût agi en Portugal comme la France en Espagne. Ces deux puissances, partageant leurs intérêts et faisant accepter des Infans aux colonies révoltées, ou, dans le cas où ce n'eût plus été possible, établissant entre elles et les métropoles des rapports d'amitié fondés sur de grands avantages commerciaux, se fussent réservé, la France, une part dans les profits de l'Amérique espagnole, l'Angleterre, une part dans ceux de l'Amérique portugaise. De toute façon l'on eût fait entendre raison à l'Amérique du Nord sur ces arrangemens.

Mais ce n'est pas tout : en Allemagne, la France eût appuyé Bade, Nassau, la Bavière, le Wurtemberg, les pays à constitutions nouvelles. L'Angleterre se fût alliée aux Pays-Bas. Partout alliance défensive contre le Nord absolu ; alliance prête à devenir offensive au besoin. En Grèce, fondation d'un autre empire consti-

tutionnel. Sous cette condition, les révolutions de Naples et du Piémont une fois abattues, on eût laissé faire
l'Autriche en Italie, jusqu'à possibilité d'une réaction
populaire. Cependant l'Autriche et la Russie eussent
trouvé des dédommagemens en Servie, en Valachie
et en Moldavie. L'Angleterre eût assuré l'Asie au
Grand-Turc : l'Angleterre et la France combinées
lui eussent garanti Constantinople, jusqu'au moment
où, la mesure de la colère céleste étant remplie, le
Musulman barbare fût à jamais chassé de l'Occident ci-
vilisé. Ainsi la France eût repris rang parmi les nations indépendantes. Tel est le système sur lequel
vit encore le Journal des Débats, si l'on excepte
quelques inspirations brillantes émanées du génie de
M. de Chateaubriand.

Mais quelle puissance humaine se créera jamais
des conditions spéciales d'existence, pour les faire servir immédiatement à l'application d'un système con-
venu ? Aucune ; et c'est ce qu'ont oublié les royalistes
des Débats, comme ceux de la contre-opposition. Je
n'ai pas le temps de détailler ici la foule des erreurs de
fait, des impossibilités constantes et permanentes qui
s'opposent à la pratique de théories plausibles sous
certains rapports. Et d'abord je demanderai, non à la
contre-opposition, mais aux Débats, s'ils ont oublié
qu'il y a une révolution, moralement triomphante,
matériellement vaincue ; qu'elle a été abattue par les
puissances alliées, de concert avec les Anglais ; que les
Bourbons sont entrés dans ce système, et que par suite de
cette position il faudrait un bien grand laps de temps,

une concentration de forces intérieures bien avérée, pour réaliser cette primauté de la France, ce rôle de la politique de Richelieu ou Mazarin que M. Malte-Brun lui assigne. Oui, la révolution peut encore avoir, si ses conseils dominent au cabinet des Tuileries, non pas l'impérieuse étourderie du Directoire, ni la présomption despotique de l'Empire, mais une haute et ferme volonté. Car la révolution qui a créé les intérêts de la France nouvelle, est une, identique, à peu de nuances près. Mais comment le royalisme, forcé de se constituer avant tout une force centrale ; obligé, s'il acceptait les systèmes de la contre-opposition, à combattre la révolution; fort embarrassé, en adoptant les conditions libérales du journal des Débats, par cette même révolution qu'il ne neutraliserait pas sans peine : comment le royalisme pourrait-il faire entendre avec quelque avantage ce langage hautain et absolu, que lui prêtent tous les orateurs, tous les écrivains distingués de la contre-opposition et des Débats, MM. de Chateaubriand, Bertin, Salvandy, de Lalot, Hyde de Neuville, de Labourdonnaye? Comment MM. Pasquier, Royer-Collard et leurs doctes amis, y réussiraient-ils mieux, à moins de se fondre dans la France de la révolution et de l'Empire, et d'adopter leur interprétation de la restauration et de la Charte ?

Qu'on parle donc tant qu'on voudra de la politique traînarde de M. de Villèle; qu'on lui découvre autant de défauts et d'erreurs qu'on voudra. Quand il s'agit de juger l'action, l'on est forcé à l'indulgence. Si les royalistes de toutes les nuances mettaient la main à

l'œuvre, pour maintenir l'indépendance et la prépondérance françaises dans les cabinets, comme cela est
praticable; et s'ils essayaient, soit d'opérer dans le
sens de la Sainte Alliance, en faveur du passé, soit
dans le sens de l'Angleterre actuelle : les affaires leur
offriraient une armée d'obstacles inattendus, qui modifieraient étrangement la tranchante conviction de
leur langage. On a beau nommer mesquine la politique
étrangère de M. de Villèle, elle a donné des signes
de volonté propre, de détermination indépendante.

Observons toutefois que rien n'a plus nui à la
France auprès de l'étranger, que le mépris dont les
journaux français accablaient M. de Villèle et leur patrie, avilie selon eux sous cette administration, sans
influence extérieure ni intérieure. La main qui frap-
pait le premier ministre a senti le coup rejaillir sur
elle-même. Jamais le *Morning-Chronicle*, si profondément ennemi de lord Castlereagh, ne commit, dans
les circonstances données, une faute aussi grave. De la
part des libéraux, il y avait conséquence, de la part
des royalistes, inconséquence. Aux yeux du libéralisme, les royalistes sont les étrangers. Le royalisme,
au lieu de se décréditer lui-même, aurait dû, tout en
poursuivant M. de Villèle, rehausser la puissance de
la France royaliste devant l'étranger ; on ne sait pas
encore combien de tort se sont fait par cette haine
impolitique les diverses sectes royalistes.

C'est la Quotidienne, moins acerbe dans sa polémique, hostile envers les hommes plus qu'envers le
ministérialisme, qui a cependant jeté le plus terrible

obstacle sur la route du pouvoir, surtout quant aux affaires du Portugal et de l'Espagne. Dans la Péninsule, la Quotidienne est devenue une puissance. On se l'arrache avec enthousiasme dans les cabinets apostoliques, dans les salons de la Camarilla : elle faisait trembler M. Zéa sur son trône ; le duc de l'Infantado la grondait doucement : *et tu quoque!* lui disait-il. Elle irrite et réjouit tour à tour Taddeo Calomarde. Elle va jusqu'au Portugal relever des espérances et en détruire. Elle est, pour ainsi dire, la ligne défensive sur laquelle se reploient les Espagnols et les Portugais anti-ministériels, toujours mécontens de leurs héros de la veille. En effet, ces héros, hommes ignares et médiocres, sont impuissans pour satisfaire les passions et les intérêts des partis, ignares, avides, médiocres comme eux; derrière eux se retranchent des masses populaires, au caractère sérieux, déterminé, pleines de force, de courage, d'une noble bonhomie, dignes de chefs plus purs et plus expérimentés, et que la sottise d'autrui plonge dans l'abîme.

Il y a de la grandeur, de la générosité chez le peuple espagnol. L'observateur superficiel ne voit chez lui qu'une religion de forme : mais sous ces formes brûle un feu toujours prêt à éclater, comme l'Etna, sous sa couronne de neiges, recèle les forges de Vulcain. Calderon exprime admirablement le génie religieux du Castillan. C'est si l'on veut, et sous de certains rapports, une religion de formes, mais qui s'ennoblit aisément. Au fond de sa pensée réside encore un génie symbolique, génie qui trahit son imagination mauresque, épurée par le christianisme. A cette imagination se marie admirablement le bon sens, le sens droit du Goth. Il y a toujours un fond de raison dans la croyance castillane. Aussi, si vous rencontrez dans la Péninsule quelques fous furieux . une dévotion qui n'exclut pas le vice ; rien de papelard ni de tartuffe, rien de vil et de rampant dans les actes de la croyance. Comme le palmier de ces climats affronte l'orage, et dessine sur un ciel pur ses formes audacieusement tranchantes ; l'Espagnol se relèverait bientôt sous l'influence d'un clergé éclairé et d'hommes d'état dignes de lui.

Il a des libertés municipales encore vivantes. Ce sont des habitations au sein des ruines, situées sur un volcan. L'administration leur porte envie ; la fiscalité les cerne, l'absolutisme les convoite, le ministérialisme s'en indigne, la police les surveille. Mais ces libertés se maintiennent : leurs racines ont plongé de profonds pivots dans le roc même, au sein du peuple espagnol, dans ses habitudes si sottement dédaignées, dans ses mœurs si mal comprises. Ce peuple, au lieu de l'ennoblir, tout le monde essaie de l'avilir tour à tour : mais ni les partis, ni les gouvernemens, ni les étrangers, ni la paresse, ni l'ignorance, ni le libéralisme, ni l'ultracisme, ne parviennent à remplir cette tâche insensée. Il n'y a de bon en Espagne que l'homme d'ancienne roche. Courtisans, employés, chefs de parti et de coterie, faiseurs d'embarras, faiseurs de plans, tout cela est détestable. Il faut employer le fer à cautériser cette plaie. Jugez de l'ascendant qu'a dû

prendre la feuille française sur la surface intrigante de
cette nation, qui, trouvant cette même nation prête
non à l'action, mais à la résistance, va chercher à
l'étranger des intrigues de cabinet et de coteries,
pour soutenir sa cause en sens inverse. Au milieu de
cette incapacité des sommités sociales en fait de royalisme, sommités attaquées d'ailleurs par le libéralisme,
le peuple, tour à tour gouverné par de contraires factions, mais par la résistance de ses mœurs plus que
de sa volonté repoussant indistinctement toutes ces
combinaisons machiavéliques, se débande à ses propres frais, et s'éparpille volontiers en bandes armées :
préférant la vie d'un brigandage libre, à une existence
torturée dans les sens les plus opposés.

En Portugal il n'en est pas absolument de même.
Là, l'énergie populaire se montre avec moins d'éclat.
La faute en est peut-être à ce territoire trop limité, qui
recèle d'ailleurs des parties peu explorées, où se main-
tient une indépendance sauvage. Quant à la faction
apostolique de la Lusitanie, quant aux absolutistes de
Lisbonne, leur religion n'est qu'un instrument de
mauvaise politique entre leurs mains. C'est la même
ignorance, la même avidité qu'en Espagne. Même rapport entre les libéraux des deux contrées. Leur science
est celle des Sieyes et des Bentham ; leçon d'écoliers
enseignée à Lisbonne comme à Cadix, et modelée sur
celle de la Constituante française.

La contre-révolution de Portugal une fois accomplie,
ne satisfit pas complètement les apostoliques. Ils espé-
raient davantage de la Reine-mère et de l'autorité de

don Miguel. Voulaient-ils que la trompette éveillât ce vieux génie lusitanique, père des Gama et des Albuquerque? Non. Il n'était question que de satisfaire à quelques haines individuelles, de donner libre carrière à un mouvement réactionnaire, signalé par des massacres. La fureur aveugle, l'ignorance stupide, eussent tout guidé au nom d'un catholicisme, étranger à ces folies barbares. M. le comte Hyde de Neuville donna libre cours à la générosité de son ame, et fit échouer les projets des apostoliques, non parce qu'ils étaient apostoliques, mais parce qu'ils se montraient insensés.

Je n'examinerai pas, sous d'autres rapports, la conduite de M. de Neuville. Je ne veux le juger, ni comme diplomate, ni comme orateur. Rien ne m'engage à me prononcer sous ces divers rapports, puisqu'il n'est pas assez profondément entré dans les affaires, ou qu'il ne les a pas assez explicitement critiquées, pour donner le droit de porter sur son compte un jugement public. L'homme loyal et courageux est seul de mon ressort. Encore n'eussé-je pas avancé sur sa conduite politique cette simple annotation, si elle ne m'aidait à exposer dans tout son jour le jeu des partis. C'est sous ce rapport que je m'occuperai aussi de M. le comte de Moustier, et du jugement qu'en ont porté les factions.

Nous avons vu la Quotidienne soutenir dans le Portugal, la Reine-mère et le parti de don Miguel. C'est contre ce parti que M. Hyde de Neuville fit valoir la volonté libre du roi défunt, que l'on avait voulu vio

1er de tant de diverses manières. Eh bien, ce journal a su très-bien concilier, d'une part, l'appui qu'il devait à un honorable membre de la contre-opposition, et ce qu'il devait de colère au ministère. Il a blâmé la conduite de M. le baron de Damas, ou plutôt celle de M. le comte de Villèle à Lisbonne, tout en vantant, non sans motif, la libre détermination de M. Hyde de Neuville. Mais comment pouvait-il rendre le ministère responsable des actes de l'ambassadeur, tout en exaltant ce dernier aux dépens du même ministère? Ici l'esprit se perd dans un labyrinthe de contradictions, dont la passion seule tient le fil. Comment M. Hyde a-t-il tort de faire ce qu'il a raison de décider? Quel absurde embarras ! Peut-on louer la conduite d'un diplomate, tandis qu'on impute à blâme la même conduite chez les autres? Quel amas de folies ! Quel rayon de clarté peut y pénétrer? *Fiat lux* !

Rien aussi ne mérite plus d'attirer l'attention que la manière dont la même feuille royaliste a traité M. le comte de Moustier. Chéri des apostoliques d'Espagne, ce diplomate recevait les éloges des correspondans de la Quotidienne, lorsqu'on le voyait se dessiner et s'avancer d'une manière décidée sur la scène des affaires : mais le cabinet français, auquel il servait d'organe, contrariait-il ces mêmes apostoliques? On le blâmait amèrement. C'était cependant le même comte de Moustier, que tour à tour l'on vantait pour son espèce de contre-opposition, ou que l'on dénigrait pour son ministérialisme. Les Débats agirent plus conséquemment envers les deux diplomates dont je viens de parler, et se

montrèrent plus fidèles à leurs principes. Ils ont même
hasardé , à propos de la conduite du cabinet français
dans la Péninsule , certains demi-éloges, souvent plus
offensans , il est vrai , de leur nature, que le blâme le
plus amer.

La question de la Turquie est bien autrement com-
pliquée. Si les passions royalistes n'y ont pas le même
jeu , les passions libérales y fermentent. Depuis que
la masse entière des faits a décidément accompli la
séparation de l'Amérique et de l'Espagne , les intérêts de cette dernière et ceux du Portugal ne sont
guère que des intérêts privés , moins essentiels à la
politique universelle, qu'intéressans pour l'honneur,
l'amour-propre, la gloire de la France , et le commerce de la Grande-Bretagne. Il n'en est pas ains
des intérêts de la Turquie, liés par des rapports étroits,
aux destinées de l'Asie et au sort des deux plus
grands empires terrestre et maritime , la Russie et
l'Angleterre. Autour de ces vastes intérêts viennent
se grouper, et les appréhensions lointaines de la Prusse,
et les craintes plus directes de l'Autriche , et les intérêts du commerce français au Levant. C'est de l'ensemble même des affaires du monde qu'il s'agit ici.

La Quotidienne, soutenue par cette portion de la
contre-opposition qui veut suivre le plus obstinément
les erremens de l'ancien régime sous forme aristocratique, et cherche à les encadrer de son mieux dans
les nouvelles doctrines de la Charte, est demeurée
turque et fidèle aux intérêts de notre commerce dans
le Levant, tels qu'ils se fondent sur la routine du passé,

Fait que je constate, sans prétendre adresser un reproche à cette feuille et à ses écrivains politiques.
D'ailleurs, elle a saisi avec assez d'habileté quelques-
uns des vices qui semblent ressortir de la forme même
de la convention conclue entre les trois puissances,
intervenantes dans la querelle des Turcs et des Grecs.

Une autre portion de la contre-opposition, de concert avec cette partie des absolutistes guidés par M. de
Bonald, et catholiques avant tout, s'est proclamée
grecque, malgré le schisme qui sépare ce peuple de
l'Eglise, et a donné ainsi un exemple de tolérance
religieuse. M. de Lamennais est décidément grec.
M. Hyde de Neuville l'est aussi, avec une autre nuance
d'opinion. A une époque où la Gazette de France
de défunte mémoire, se montrait turque, la feuille de
M. Genoude était grecque. Le ministère a permis à ses
journaux de se diviser sur une question dont lui-
même n'avait pas acquis l'entière conscience.

Ce n'était pas la cause chrétienne, c'était avant tout
celle de la révolution, que le libéralisme voyait dans
la cause des Grecs. Aussi s'est-il empressé de leur fournir des constitutions, dont ils ne savent encore que
faire. Il y avait aussi dans le secours qu'il leur prêtait,
une menace évidente dirigée contre l'Autriche et son
pouvoir en Italie, et une espérance lointaine de guerre
continentale. Il sera bien juste que la Russie récompense un jour les libéraux qui provoquent si hautement l'annihilation de l'empire turc : sa politique, se
séparant de la politique autrichienne, cessera d'être
absolutiste et deviendra libérale.

Au commencement, le Journal des Débats ne vit, sous les auspices de M. Malte-Brun, que l'équilibre de l'Europe rompu par une invasion de la Russie dans l'empire ottoman. Ce publiciste rejetait la folle idée de la légitimité du Grand-Seigneur, idée émanée de la plume d'un savant rédacteur de la Gazette de France, et d'autant plus absurde que le Grand-Seigneur lui-même, en vertu de la loi du Koran, s'envisage comme conquérant en permanence et dominateur armé des infidèles, mais non comme leur juste monarque, suivant les idées des défenseurs de la légitimité chrétienne. Tout en repoussant une notion évidemment fausse, cet habile géographe pensait cependant que les puissances chrétiennes, qui laissèrent le croissant s'élever sur l'horizon européen, et contractèrent avec lui plus d'une alliance, n'avaient aucune suffisante raison pour se montrer tout à coup dévoré d'un christianisme plus politique que moral, et d'intervenir, sous ce prétexte, dans les affaires de la Turquie. Il se moquait surtout de la grécomanie libérale de nos philosophistes, qui, malgré leur ardeur à détruire l'empire de Jésus-Christ partout où ils le trouvent, se sont passionnés tout à coup et à froid d'une belle ferveur contre le mahométisme, qui cependant se rapproche plus que le christianisme de leur fantôme de déisme pur.

Mais la politique des Débats se laissa entraîner par M. de Chateaubriand dans une autre direction. Depuis la chute de cet homme d'état, son hellénisme acquit un caractère plus fougueux encore. Les motifs n'étaient pas ceux de nos révolutionnaire : mais des motifs classiques, une reconnaissance littéraire, sentimens respectables dont la politique n'est pas toujours obligée de tenir compte. Ajoutons cependant que, depuis le traité d'intervention des trois puissances, les Débats ont cessé d'attaquer le cabinet français ; ce qui prouve qu'il y a encore des accommodemens possibles entre cette feuille et l'équité, tant que ses rédacteurs ne sont pas poussés au-delà du but par l'esprit de domination.

Il est vrai que l'on s'est beaucoup moqué du Moniteur, lorsqu'il a dit que tout était fini en Orient, depuis l'affaire de Navarin surtout, qui vient d'y commencer la complication des plus graves intérêts. Etait-ce pétulance d'esprit de la part de M. de Villèle, zèle trop ardent de la part de ses écrivains? Dans cette affaire, les publicistes du Moniteur, quelle que soit la cause d'une si haute présomption et en dépit de la facilité d'exécution, de l'adresse, du talent de style, de l'habileté dialectique qui les distinguent, ont joué un rôle assez risible aux yeux de l'Europe diplomatique. Ces naïvetés ne sont pas dans le goût du département des affaires étrangères.

Que le gouvernement français cherche avant tout le maintien de la paix universelle ; rien de plus juste. Dans la Péninsule, il s'est montré conciliant par rapport à l'Angleterre, et malgré la mauvaise volonté de l'Espagne, il a su la faire renoncer à toute entreprise contre le Portugal. Il a voulu se montrer également conciliateur en Turquie. Là, il fallait ôter à la Russie tout prétexte d'invasion, en intervenant dans la querelle des Grecs et des Turcs, de concert avec la Russie elle-même , et d'accord avec l'Angleterre, qui y avait un plus grand intérêt encore que la France. Notre commerce souffrait des dommages causés par les pirates de l'Archipel, de la stagnation des affaires dans le Levant, des ravages d'Ibrahim, de tous les motifs de discorde accumulés dans le Peloponèse. La population russe était furieuse de voir le sabre turc immoler ses co-religionnaires ; l'armée murmurait ; il fallait donner l'essor à cette ardeur martiale , confondue avec le zèle religieux , dans un pays où les révolutions du trône sont fréquentes. Il semblait que l'invasion dût se faire par la seule force des choses. Alors la France et l'Angleterre, en intervenant de concert avec la Russie , enchaînèrent les mouvemens de cette puissance et l'empêchèrent de tenter à elle seule le moindre pas en avant. Sous ce point de vue, la guerre d'Orient sera éloignée autant que possible , elle sera même prévenue ; à moins que la bataille de Navarin et surtout la conquête de Scio , qui, selon les Turcs , manifeste , non l'impartialité promise par l'acte d'intervention , mais une trop grande partialité en faveur des Grecs, ne blessent trop profondément l'orgueil des Ottomans pour que cette plaie d'un ressentiment terrible se cicatrise à l'instant même.

Obstinément turque, dans la crainte de ses libéraux d'Italie et des conquérans russes, l'Autriche s'est opposée de toute sa puissance à l'acte d'intervention. Cependant elle doit ouvrir les yeux, et voir de quelle manière il semble , en enchaînant la Russie , faire avorter les projets du libéralisme sur la Grèce ré-

générée. Car il est évident que le comte Capo-d'Is-
tria s'est vu chargé de prendre en main les affaires
de ses compatriotes , pour prévenir les alarmes de
l'Europe monarchique. Ici, M. Canning n'a pas plus
montré que dans la direction donnée à la diplomatie
anglaise en Portugal, le libéralisme dont nos feuilles
politiques l'honorent.

Quoi qu'il en soit, rien n'est plus faux que de regarder cette diplomatie comme facile et douce ; elle a ses
cruelles épines. Il n'est point de sagesse absolue dans
les affaires. Tout ce que la raison peut demander, c'est
qu'un plan ne pèche pás par sa base même. Pour le
reste, il faut s'attendre à mille circonstances inatten-
dues qui l'entameront par les côtés. La Quotidienne a
fait, comme je l'ai dit, des observations curieuses sur
l'acte d'intervention. Mille autres questions se présentent encore et se compliquent au plus haut degré avec
l'avenir de la puissance britannique en Asie. Ce n'est
pas du côté de la Perse que l'Angleterre doit redouter
une invasion moscovite dans l'Inde. On ne jette pas si
facilement de grandes armées à travers les déserts du
Khoraçan et sur la chaîne immense des monts Hindou-
Koush. On ne traverse pas d'un essor la contrée des
Sikhs ; et les forteresses du Dekan offrent quelque résistance. Mais qu'importe à nos romanciers politiques?
A leurs yeux, tout cela n'est rien. Pour les hommes instruits et versés dans les affaires, ce sont de véritables
obstacles.

Ce que l'Angleterre doit craindre , c'est l'occupation
de la Turquie européenne, qui entraîne nécessairement

celle de la Turquie d'Asie. Il n'y a pas entre les deux hémisphères les limites tranchées que leur attribue le vulgaire. Du temps des Thraces et Pélasgues, comme du temps des Ioniens, Doriens, Hellènes, comme aux jours des Perses et Macédoniens, comme des Romains et du Bas-Empire, la Grèce et l'Asie mineure ont composé, à un degré plus ou moins rapproché, les parties d'un ensemble politique, dont on ne rompt pas aisément l'unité de commerce et d'intérêts et qui subsiste aujourd'hui sous le nom d'empire ottoman. Je suppose, par impossible, que cet empire fût partagé comme la Pologne. L'Autriche aurait une part de population serve, la Russie posséderait la Valachie; les Grecs deviendraient indépendans, mais, ayant à peine de quoi défendre l'Archipel et le Péloponèse, ne seraient ni assez forts, ni assez nombreux pour occuper la Romélie et l'Asie mineure. Il faut donc bien que les alliés prennent en considération la situation de la Turquie asiatique, pour ne pas laisser leur œuvre incomplète. Ici s'accumulent les obstacles, sans cesse plus élevés et plus redoutables comme les escarpemens superposés du mont Hæmus.

Quelle sera la part de la Russie, de l'Angleterre, celle de la France? Comment la France et l'Angleterre s'entendront-elles au sujet de l'Egypte? Que deviendront les côtes barbaresques? Elles touchent de bien près à l'empire de Maroc, et de tous côtés s'éveille une immense guerre de l'Islam et de l'Evangile à laquelle personne n'avait songé.

Qu'on me pardonne cette marche rapide. Ma prétention n'est point, comme je l'ai déjà dit, d'épuiser aucune question. Il me suffit actuellement de les indiquer toutes. Les hommes impartiaux pèseront dans leur sagesse cette esquisse de nos relations diplomatiques sous l'administration du ministère Villèle. On répète de toutes parts qu'elle a manqué à la dignité de la France; je sais aussi par où elle a manqué; je l'ai dit, et j'en ai donné les motifs qui ont frappé mon esprit. Mais enfin, la France a pris son rang dans la Péninsule et dans la Grèce : elle, que la force des événemens avait rejetée, sous les précédens ministères, en dehors de la politique du monde.

Une convention importante, celle relative à Saint-Domingue, mériterait encore un coup d'œil. J'en parlerai, ainsi que des colonies, dans le chapitre consacré au ministère de la marine. Je n'ai plus qu'un mot à dire aux partis. Ce n'est pas la France seule qu'il faut choisir pour point de départ, si l'on veut juger sainement des affaires étrangères. Il faut moins encore se retrancher sur le terrain des coteries ministérielles, libérales, contre-opposantes. L'attention doit planer sur la position générale des divers états de l'Europe, du monde. Les intérêts européens se sont divisés sur tous les points du globe.

CHAPITRE VII.

Du ministère de la marine.

C'est une tradition d'ancien régime de ne pas élever un marin au poste de ministre de la marine. Mieux vaudrait peut-être un conseil de l'amirauté comme en Angleterre. M. de Chabrol jouit depuis long-temps de la réputation d'un excellent administrateur. Cet homme d'état, par caractère et par opinion adhère plutôt, selon le bruit public, aux principes de l'administration de son ami M. Lainé, qu'à ceux de l'administration de M. de Villèle. Voilà peut-être pourquoi les opposans ont moins vivement harcelé son administration que celle de ses collègues.

Bonaparte avait fini par transformer ses marins en soldats de terre : c'est ce qu'il avait de mieux à faire pour ne pas les laisser mourir dans les havres à bord de leurs navires. La marine française, création de Louis XIV, intimement liée à la question des colonies, gloire et orgueil de l'infortuné Louis XVI, décimée dans les combats de la révolution, n'a pas tardé à se relever de ses cendres depuis la restauration. On la négligeait dans les commencemens. Le même principe

qui avait engagé les doctrinaires, sous M. Decazes, à dédaigner la diplomatie étrangère , les porta aussi à faire
peu de cas de la marine. L'administration de M. le
comte Molé porte l'empreinte de cette préoccupation
d'esprit. Voici de quelle manière on raisonnait. « La
France n'a plus de colonies. Pourquoi chercherait-elle
à posséder une marine? Jamais elle n'aura de colonies;
la marine lui est inutile. Il lui faut un gouvernement
de chambres au-dedans. A l'avenir les peuples se passe-
ront, ou à peu près, de diplomatie et de colonies.
Réduisons au plus strict nécessaire les départemens
de la marine et des affaires étrangères. La même économie ne tarderait pas à s'étendre jusqu'au ministère
de la guerre, si les temps étaient mûrs , si, d'accord
sur ce point avec les préjugés militaires de l'ancien
régime , les souvenirs des guerres de la révolution et
de l'empire ne s'y opposaient absolument. Ayons des
diplomates , des généraux, des marins de moins :
nous aurons en revanche des financiers, des administrateurs, des orateurs, des écrivains de plus. La
paix deviendra la cause vraiment populaire. »

« Dépouillons-nous, ajoutait-on, d'un vain débris
de colonies, destinées à être la proie de l'Angleterre à la première guerre. Nos possessions dans
l'Inde , en Afrique , en Amérique , sont de très-
peu de rapport, et nous coûtent beaucoup. Les
colons seuls y attachent beaucoup d'importance.
Bientôt le système colonial aura disparu de la face du
globe. L'Angleterre seule a des chances nombreuses
en faveur de la prolongation de son système de colo-

nies. Elle a d'abord pour appui la force, dont la France est privée, ainsi que l'Espagne et le Portugal. Souveraine des ondes, elle tient le trident que personne ne peut lui arracher. Si l'on veut la prospérité de nos colonies d'Amérique, le commerce des esclaves est indispensable, commerce horrible aux yeux de la philanthropie. Le tolérer, serait imprimer au département de la marine une vraie flétrissure. Si la Grande-Bretagne a mis un veto sur les gouffres de l'Océan, si elle a dit : « plus de commerce d'esclaves, » c'est que l'omnipotence de cette orgueilleuse reine des mers y est intéressée. Elle s'est arrangée de manière à se passer d'esclaves, et parce qu'elle en possède un nombre suffisant, et parce qu'elle craint pour la Jamaïque le sort de St.-Domingue, et parce que, confisquant tous les esclaves sous pavillon étranger, qu'elle soumet au droit de visite, elle les introduit comme de bonne prise dans ses colonies. Elle préfère d'ailleurs à ses intérêts coloniaux, dont l'affranchissement des Etats-Unis l'a dégoûtée, ses intérêts commerciaux en Amérique; et tremblante pour le Canada, dont elle prévoit l'émancipation future, elle a eu soin de s'assurer de longue main la bienveillance de la ci-devant Amérique espagnole et portugaise, qu'elle tient sous un vasselage de gratitude, et dont elle est propriétaire en sous-ordre par les capitaux qu'elle y a jetés et par les établissemens qu'elle y forme. Concentrée spécialement dans l'Inde, où elle marche sans esclaves, elle pénètre en Afrique, où l'esclavage est l'état naturel à l'homme; et ne redoutant rien d'aucun côté, elle saura faire exécuter una volonté d'où dépend sa puissance. »

Il y a dans ces raisonnemens un grand mélange de vérité et d'erreur. Sans doute, en Amérique, le système colonial ira toujours croulant. L'Angleterre, qui s'y prépare, en est dédommagée d'avance. Elle a su rendre nécessaire son alliance avec l'Amérique catholique, dont elle cherche à calmer les préjugés religieux, et à exciter l'intérêt et l'amitié. Mais les Etats-Unis du Nord, qui doivent vouloir que l'île de Cuba reste entre les mains de l'Espagne, par le fait de leur seule protection prolongeront le pouvoir espagnol en cette contrée. Tant que sur un seul point de cet hémisphère, un seul Espagnol fera reconnaître la légitime autorité du roi Ferdinand, l'Amérique méridionale sera troublée, le commerce anglais éprouvera des vicissitudes. Trop de débris des mœurs espagnoles survivent encore dans les colonies anciennes. Le constitutionnalisme de ces régions a quelque chose de factice; et avant qu'elles ne soient gouvernées par une organisation régulière, bien des années s'écouleront : effet nécessaire du caractère créole, dont l'indolence égale l'ignorance.

Ce sont les Etats-Unis qui, pour balancer l'influence anglaise au Brésil, au Mexique, à Monte-Video, à Caraccas, à Buénos-Ayres, essaieront de toutes leurs forces d'entraîner dans les intérêts commerciaux et politiques de l'Amérique, la France et ce que l'Espagne conserve encore de pouvoir. Je dis les intérêts commerciaux et politiques; ce qui est la même chose dans ces contrées. Déjà la France, contrainte par la force même des choses, y a déployé l'appareil d'une véritable puissance maritime. On a fait un pas pour s'arranger avec les ci-devant colonies espagnoles, comme avec le Brésil : et si les intérêts y sont exclusivement britanniques, les mœurs françaises y exercent un plus grand attrait que les mœurs anglaises.

M. Decazes avait eu des vues sur l'Amérique espagnole, qu'il voulait faire gouverner par des Infans. L'Angleterre n'y trouvait point son compte ; et la France, à peine sortie de la guerre d'invasion, n'était pas dans le cas de réaliser sérieusement ce désir. La volonté de M. de Villèle, qui eut à lutter contre les empêchemens et les préjugés de l'intraitable Espagne, se montra plus efficace : le commerce français exigeait ces mesures, dont l'extrême timidité a été reprochée au ministre. Il eût été possible de tenir un jour en échec les forces britanniques, et d'aller peut-être plus loin encore dans les ci-devant colonies de l'Amérique espagnole, si l'Espagne, mieux au fait de la situation réelle des affaires, se fût entendue avec la France et les Etats-Unis, et n'eût pas balancé à embrasser un autre système. Mais faire mouvoir un si grand jeu politique, n'était point en la puissance de la France et du président des Etats-Unis, sans le concours de l'Espagne.

Pour nous résumer, disons que la seule situation de l'Amérique, et l'importance des intérêts qui s'y débattent, exigent un grand développement de la marine française, absolument indépendant de la question des colonies.

Si le système colonial expire en Amérique, les An-

tilles peuvent encore appartenir long-temps aux puissances d'Europe. Elles y ont toutes un intérêt égal, et
les Etats-Unis sont d'accord avec elles. Sans l'Angleterre, toutes les puissances américaines convoiteraient
également les Antilles, et l'on penserait là-dessus en
Colombie et au Mexique comme à Washington et
New-Yorck. Mais nous avons dit comment, en dépit
de ses mœurs, l'Amérique espagnole est associée aux
intérêts britanniques ; en dépit du penchant du Mexique pour les Etats-Unis, et de la Colombie pour la
France. L'intérêt commun de l'Amérique septentrionale et de l'Europe, veut donc que la France et l'Espagne gardent les Antilles de pied ferme. L'Angleterre
même y a un intérêt subsidiaire, à cause de la Jamaïque. L'Amérique, si elle restait seule, deviendrait
bientôt trop forte pour que les Anglais pussent conserver cette colonie. Les Etats-Unis sont la sauve-
garde des Antilles espagnoles et françaises contre une
invasion anglaise : pourvu que le gouvernement britannique garde la Jamaïque et reste en paix avec ses
voisins, il doit désirer que Cuba et la Martinique res-
tent aussi à l'Espagne et à la France. Il faut aux Anglais, ou le partage tel qu'il existe aujourd'hui, ou la
réunion de toutes les Antilles sous leur domination exclusive. Or, cette union, les Etats-Unis épuiseraient
leurs veines pour l'empêcher ; elle ferait du Mexique
une colonie anglaise, à moins que ce dernier pays ne
contractât alliance intime avec les Etats-Unis. Mais, je
le répète, cette foule d'artificielles combinaisons tom-
beraient devant la force d'une émancipation générale,

si , dans un espace de temps donné, l'Amérique entière devenait américaine.

St.-Domingue fait exception. L'orgueil des Améri-cains septentrionaux se révolte , ainsi que la fierté an-glaise , contre une alliance avec les noirs. En recon-quérant cette colonie, la France n'eût gagné qu'un monceau de ruines. En concédant la liberté à l'île d'Haïti , elle a fait ce qu'elle a pu. C'était une bonne, une utile pensée. L'exécution a été défectueuse. Il au-rait fallu qu'au nom du roi de France, on vît s'éclip-ser toutes ces fanfaronnades républicaines de noirs et de mulâtres : un bienfait devait être reçu comme bien-fait, avec reconnaissance, et non avec ces fumées de vanité inconvenante. Le spectacle de cette *fraternité* entre une nation grande et généreuse , et quelques Africains qui savent boire, aurait pu être épargné au monde. Mais il est une question plus haute. Sous quelle forme St.-Domingue devait-elle être émancipée? Les chambres devaient-elles s'en mêler? La royauté seule devait-elle agir? On ne pouvait répondre à cette double question , que par l'ancien droit public par lequel la colonie était régie. Il fallait examiner par quel titre , et avec quelles stipulations , elle appartenait à la cou-ronne. A la couronne seule? Ou bien à la couronne et à la nation? Ce n'a pas toujours été au même titre d'existence que les colonies ont appartenu au roi, à la France , même à une association de particuliers. Questions de haute jurisprudence, auxquelles aucun parti n'a songé, mais appréciées avec sagesse par les Anglais, peuple avant tout pratique, et qui vit dans tous les antécédens de l'histoire. On a fait une longue

querelle à M. de Villèle pour avoir aliéné St.-Do-
mingue comme s'il se fût agi d'une province française.
Mais aucune colonie ne fut province. Il n'y a qu'une
question à examiner; c'est la légalité de la forme de
possession; d'elle seule dépend la légalité de la forme
d'aliénation. Cette question n'a été soulevée ni
par M. de Frénilly, dans un brillant rapport, trop
empreint d'une complète méconnaissance des anciens
titres de possession de nos provinces, ni par les opposans constitutionnels, ni même par les colons spécialement intéressés à ce que les débats reposassent sur
une solide base.

Quand on avance que tout système colonial tombe
en ruines dans les autres parties du monde, on se
montre fort intrépide selon moi. Qui ruinera si promptement l'Inde anglaise? Un siècle ne serait pas de trop
pour accomplir ce résultat. Il faudrait plusieurs pro-
diges pour détruire cette domination, la plus vaste
que l'Angleterre possède. D'abord, il faudrait que la
Russie conquît la Perse; puis, que la Perse eût le temps
de s'organiser à la russe, et de se rendre capable de
servir ses maîtres nouveaux dans leur invasion pro-
jetée ; et qu'enfin la même métamorphose s'opérât
chez les Ousbeks du Khoraçan et les Afghans du Cau-
case indien. Jamais l'Inde proprement dite ne fut
conquise par Alexandre. Les Séleucides et les Grecs
de la Bactriane n'exercèrent que sur une faible partie
une domination temporaire. Quand les Arabes par-
vinrent à conquérir une portion plus étendue de cette
région, et à rendre leur invasion plus permanente,

un mobile dont la force est immense les poussait, l'enthousiasme religieux, le zèle du Khoran, dont le Ghas-
névide était enflammé. Si Timour fit ensuite déborder
ses flots de soldats sur les plaines de l'Inde, si l'empire
du grand Mogol s'éleva sur les ruines de la dynastie indigène, si ses lieutenans se frayèrent lentement un che-
min et pénétrèrent dans le Decan, comme un fleuve se
fraie un passage à travers le roc : c'est que toutes les
frontières nord et nord-ouest de l'Inde étaient occupées
par les armées turques, commandées par les chefs
mongols, comme l'Afghanistan l'avait été par les Ghas-
névides. Une telle conquête est naturelle; les chariots
de Timour promenaient ses peuples errans à travers
les déserts. Mais les Russes ne sont point nomades. Bien
que l'Angleterre prévoie un danger lointain pour ses
possessions de l'Inde, danger causé par l'extension de
la Russie en Orient, elle sait très-bien que nul péril
imminent n'est à redouter.

Mais l'Inde aura, dit-on, sa révolution morale. L'armée composée d'indigènes, disciplinée à l'européenne,
est excellente. Les Anglais nés dans l'Inde, mariés
dans le pays, donnent naissance à une classe de
créoles qui pourront vouloir un jour imiter les Etats-
Unis, comme les Cipayes pourront se lasser de la
dépendance. Il y a possibilité, non probabilité dans
ces hypothèses; et je vais dire pourquoi.

Les lois, les mœurs, les institutions indigènes, sont
respectées par la compagnie des Indes. Les habitans
de ce pays respirent enfin, après le long esclavage
que leur imposa le fanatisme musulman des Arabes,

des Turcs, des Mongols. Sikhs, Mahrattes, Afghans, ont toujours été essentiellement séparés des autres Indiens, et la première nation est la seule qui soit encore puissante. Ennemi de toutes trois, l'Idolâtre regarde le Sikh comme un impie, le Mahratte comme un brigand, l'Afghan comme un musulman fanatique. Tous trois il les redoute, et quand l'Anglais le protège contre eux, que gagnerait-il à repousser la main qui le défend?

La classe des créoles, balancée par celle des indigènes, et dont la proportion est infiniment peu considérable, ne forme point corps, et n'en formera pas de long-temps comme en Amérique. L'Angleterre veille sur ses dangers. Mais elle sait aussi ne point s'effrayer avant le temps.

La France, exclue de l'Asie, n'a qu'un seul point dans l'Inde; et cette pierre d'attente ne peut servir de base à un édifice. Cependant il est de son honneur de ne point abandonner ses comptoirs. Ce que l'on tient est bon à garder. L'Angleterre, en ne l'oubliant pas, s'est agrandie. Elle a singulièrement rogné les possessions orientales de la France. Mais ces débris ont leur valeur; la poussière du diamant est encore une noble poussière.

Cependant jetons les yeux sur d'autres points de l'Orient. Sur les plages africaines, le nom français s'est renouvelé par l'expédition d'Egypte. Au Caire, Salt et Drovetti s'épient d'un œil jaloux. La diplomatie française n'est pas absolument stérile à Bagdad. Dans l'Asie mineure, en Syrie, jusque sous la domination de l'ancien Chalifat, le nom franc a plus de valeur que le nom anglais. Mille routes s'ouvrent à de futures relations orientales. Faut-il les obstruer d'avance?

Si l'empire ottoman subsiste, il le devra à la politique française et anglaise, qui certes ne verraient pas de bon œil une Russie nouvelle s'asseoir à Constantinople. Est-il réservé à une ruine plus ou moins rapprochée? Alors deviendra nécessaire le partage de l'Asie mineure. Les côtes africaines ne peuvent manquer de subir aussi l'influence européenne. Quand? Je ne sais. Mais l'Europe est appelée à dévorer le monde, à y pénétrer de tous côtés avec sa civilisation, ses mœurs, ses lumières. De longues années s'écouleront. L'Islam ne cédera pas; le temps seul fléchira sa dure résistance. Mais son rôle est achevé : s'il se défend, ce sera par la difficulté de l'attaque, comme ces monumentales cités du désert, dont les brigands et les hyènes habitent les ruines jadis florissantes. Il ne peut plus que reculer : le prosélytisme lui manque.

L'Europe s'est reproduite en Amérique, après l'avoir conquise. Ce Brahmane Rammohun Roy, qui a lu nos philosophes, et qui connaît les débats religieux de l'Europe, est un exemple de la facilité avec laquelle les opinions modernes peuvent s'insinuer et s'infiltrer, pour ainsi dire, dans le centre même de l'idolâtrie. Si l'Inde est convertie, ce ne sera point par les missionnaires protestans, mais par les seuls Brahmanes, instruits dans la langue anglaise. Le Sikh est déiste. On fit, sous le grand Mongol Akbar, une expérience

singulière, qui fit voir quelle métamorphose le brahmanisme même peut subir. Akbar, qui méprisait le
Koran, avait établi un centre d'idolâtrie, et commencé
à changer le brahmanisme en quelque chose de semblable au déisme des philosophes du siècle dernier.

Tout ce que nous prétendons, ce n'est pas l'envahissement prompt de l'Asie, ni sa prompte métamorphose, c'est l'action de l'Europe sur cette contrée ;
action qui s'y est fait sentir au physique et au moral,
et qui a même réussi à convertir les peuplades malaïes
de l'Australie. Il est vrai que l'imagination . quand
elle cherche à se figurer un habitant de Taïti devenu
puritain, ne sait comment s'y prendre. Ce doit être un
plaisant spectacle. Probablement les missionnaires
protestans se trompent sur la nature des effets que
leurs prédications produisent. Mais enfin, du sein de
l'absurde même on verra jaillir quelque chose de
plus compréhensible pour l'intelligence européenne.
Le christianisme des Malais deviendra plus aisément
déiste que religieux.

L'avenir doit donc porter dans cette Asie, où l'Angleterre joue un grand rôle, où la France a un grand
ascendant au Levant, toutes les puissances maritimes.
En Egypte et en Barbarie, la France est estimée à son
prix. Partout sourient à la pensée des colonies futures,
oasis du désert. Quoi! tel est l'avenir qui se prépare!
Et la France ne donnerait pas à sa marine de l'Archipel le plus grand développement possible ; et elle
s'abstiendrait de porter, comme la Grande-Bretagne,
son activité au dehors !

Je le répète; ce n'est pas dans les seules circonstances présentes que je puise ces indications; mais dans la marche nécessaire du genre humain vers les événemens futurs. Que le laborieux enfantement des siècles ne passe pas pour un conte d'aujourd'hui, pour une réalité urgente.

L'Afrique ne m'a point occupé, à l'exception de ses côtes barbaresques et de l'Egypte. Elle-même doit plus tard suivre la commune destinée et subir l'influence de l'Europe. L'Espagne, excitée par la France, pourrait se retremper au Maroc : le Portugal, poussé par l'Angleterre, reprendra cette ancienne activité qui lui fit traverser l'Afrique depuis le Congo jusqu'à la côte Mosambique. Dans aucune des parties du Soudan, l'Angleterre ne reste oisive. La France rivalise avec elle pour le génie des découvertes. Il serait possible que Sierra-Leone l'emportât à cet égard sur le Sénégal. Mais tout dépend du génie d'un homme entreprenant. L'Angleterre sera-t-elle seule maîtresse du profit et de la gloire des explorations d'Afrique ? cette Angleterre qui poursuit déjà au midi les avantages de la possession du cap de Bonne-Espérance ?

Qu'on me pardonne de traverser tant de questions. Je les parcours avec la rapidité de l'éclair : s'arrêter sur ces dangereux thèmes, serait s'exposer à y brûler ses ailes. Sans doute mes vues s'élancent au-delà de l'actuelle possibilité des choses. Mais sans avenir, quelle politique mérite ce nom ?

CHAPITRE VIII.

Du ministère de la guerre.

L'INDUSTRIALISME prétend réaliser le rêve de ce bon abbé de St.-Pierre. Il annonce la paix perpétuelle; non, il est vrai, par l'entremise de cette charité céleste qui, transformant les cœurs, calmant les passions, donne seule la paix véritable : non dans le sein de l'Eglise (ce sont là des utopies chimériques); mais par la positive utilité de l'or, par la cupidité déguisée en amour de la production, par le règne du sybaritisme, lequel doit advenir quand le peuple, bien éclairé, fera du monde une vaste fabrique, et ne gardera pour science que la chimie, pour religion que l'économie politique.

Les industriels nous disent que peuples et cabinets n'ont point la même ambition. Aujourd'hui les sujets ne sont plus dévorés de la soif des conquêtes. Plus de Romains, de Germains, de Persans, ni de Turcs : des nations commerçantes et fabricantes : l'horreur de la fainéantise; une plus grande aversion encore pour cet état militaire, qui pare son oisiveté des mots de gloire et d'honneur, sentimens faux, féroces, inutiles , anti-industriels dans leur essence : voilà ce que nous apercevons déjà, ce qui se développera de plus en plus , quand les principes de notre révolution se seront fait jour de toutes parts, auront pénétré tous les points du globe. Le système de la défensive remplacera définitivement celui de l'offensive. Enfin, les gardes nationales suffiront pour contenir les malfaiteurs au dedans, les ennemis au dehors, comme l'a si bien prouvé M. Ternaux, soutenant la vieille assertion de M. de Lafayette.

Eh bien ! supposons ce plan réalisé. Plus d'armée permanente , partout nos gardes nationales portent les armes. Combien cette étrange politique montre de profondeur dans sa connaissance de la nature humaine! Sans doute la république française, ennemie des cabinets, leur jurant haine éternelle, éternelle *fraternité* aux peuples, s'est montrée bien réservée en fait de conquêtes. Elle a bien rempli sa promesse en Suisse, en Hollande, aux Pays-Bas, pour ne rien dire de l'Italie et de diverses contrées d'Allemagne. Sans doute les Etats-Unis sont libres de toute ambition. Carthage fut très-paisible, et les Provinces-Unies de Hollande ne voulurent point s'agrandir.

Insensés! Changerez-vous l'homme? Quelque industriel que vous le fassiez, croira-t-il jamais que son industrie ne puisse prospérer que par celle d'autrui? Les plus commerçans des peuples ne furent-ils pas les plus jaloux? Croit-on qu'il n'y aura pas d'intérêts à débattre entre l'Angleterre et les Etats-Unis , l'Amérique méridionale et l'Amérique septentrionale, entre nous et nos voisins d'en-deçà le détroit? Et les colères qui s'allument! Et nos esprits blasés par le calcul et les chiffres, tout à coup énivrés des fumées d'un orgueil nouveau! Et nos gardes nationales, se transformant en armées! Et la conscription qui va son train ; et le besoin d'une guerre entraînant celui d'une autre guerre! Et le qui vive général, et la lassitude des soldats citoyens, et enfin la nécessité de constituer une armée permanente et de revenir au point que nous avons quitté!

Sous l'administration de M. Decazes, la portion doctrinaire de son gouvernement, sans partir des mêmes bases d'industrialisme, sans rêver la paix universelle, ainsi que le fait M. Ternaux, poussait de son mieux les esprits à réduire les armées permanentes. La position financière de la France la gênait, et cependant on sut vaincre ces embarras et mettre l'armée sur un pied de guerre assez respectable pour toute l'expédition d'Espagne. Depuis cette époque, son importance a encore grandi. On a vu se former une école d'écrivains militaires, hommes distingués à plus d'un titre, presque tous sortis des rangs de la vieille armée, et qui ont vigoureusement combattu pour soutenir la nécessité de remonter en France l'esprit militaire. En ce genre, je citerai la *Philosophie de la guerre* de M. de Chambray, et les écrits pleins de feu du lieutenant-général comte de Lamarque, sans prétendre que ce soient là tous les ouvrages dignes d'une mention spéciale.

Tandis que les puissances du Nord conservent toujours un formidable pied de guerre, comment la

France réduirait-elle son armée? Sans doute la Sainte-Alliance eût agi dans les intérêts et selon les vœux des peuples, si peu à peu elle eût posé les armes. Mais la Russie n'aurait pas pu désarmer ; les soldats y sortent de terre. Les puissances de la Sainte-Alliance, en conservant l'état de guerre, avaient donc une excuse; et si le problème peut se résoudre, ce n'est nullement au profit de l'utopie industrielle.

Comme, dans l'économie de la nature, la peste semble, ainsi que d'autres affreuses maladies, subsister à des conditions inviolables ; comme celui qui étudie en grand l'histoire des maladies, les voit revenir à des époques périodiques, fléaux qui semblent bouleverser et qui régénèrent cependant la face du monde physique : la guerre existe de toute nécessité dans le monde moral. Elle arrache les nations à la mollesse, les plonge, si j'ose le dire, dans la piscine de l'infortune, extermine ce qui est gangrené, verse un nouveau sang dans les veines du corps social et ranime tout ce qui peut être régénéré. C'est une vérité affreuse, mais incontestable. Quand le sol moral de l'humanité a cessé de produire, une pluie de sang est toujours venue le féconder. Comment ont prospéré les cités républicaines de la Grèce, de Flandre, de Suisse, celles d'Italie au moyen âge? Dans le feu des dissensions intestines, qui ont duré tant que leur vertu ne s'est pas éteinte. Sans doute M. de Maistre, en exprimant ces idées avec enthousiasme, les a outrées par l'expression; mais il a révélé des vérités très-profondes. Loin de moi l'apologie de la guerre. Elle résulte de la corruption de notre na-

ture , et si elle me paraît nécessaire , c'est une nécessité horrible. Répétons avec l'Eglise , d'accord sur ce
point avec les philanthropes : « malheur à qui le premier tirera l'épée dans une injuste cause ! Malheur
à l'ambitieux ! »

Voici une autre question : « N'y aura-t-il plus d'armée permanente , comme le rêvent les industriels? ou
bien ne sera-t-elle que force secondaire , destinée tout
au plus à tenir garnison dans les places fortes et à en-
vironner la personne du Souverain? « C'est ce qu'ont
voulu, dans le temps, les doctrinaires , dont la pensée
était d'entourer la majesté royale, non plus d'une
troupe privilégiée , mais de régimens qui alterneraient
et jouiraient tour à tour de cette prérogative. A l'exception des industriels et des révolutionnaires purs,
qui n'ont pas oublié que l'armée, en choisissant un
empereur, tua la république, nos libéraux prononcés
sont encore trop près des souvenirs napoléoniens; une
foule de braves officiers , en retraite ou en demi-
solde, se trouvent encore trop engagés dans leurs
rangs, pour qu'on ose effectuer ce divorce du civil et
du militaire, qui serait d'ailleurs de la plus haute im-
popularité en France. Tout le libéralisme a tressailli au
nom du général Foy. Il sembla que les cendres des
légions éteintes dans nos guerres civiles se fussent
ranimées tout à coup. Le soldat orateur a fait voir
quelle est la classe d'hommes qui s'adresse le plus aisément, dans ce pays, à l'esprit public d'un parti quelconque. Nous avons vu le parti qui s'intitule constitutionnel, le parti anti-militaire, dominé et entraîné.

Foy a parlé. L'astre de Manuel a pâli. L'éloquence de M. Benjamin Constant lui-même, brillant météore, n'a elle-même apparu que secondairement, lorsque l'illustre général s'est avancé à la tribune, comme sur un rempart pour observer les manœuvres ennemies.

Ce n'est pas comme modèle et par enthousiasme que je cite le général Foy. Je n'ai voulu que constater un grand fait, méconnu du libéralisme, et qui le subjugue.

Les militaires, dans les assemblées politiques, donnent à la discussion de la dignité et de la tenue. Chacun sait d'avance qu'une parole vaut un coup d'épée. La franchise militaire encourage en même temps la plus grande liberté. Point de réticences et de circonlocutions : point d'injures, de divagations, de dissertations à périr d'ennui, de subterfuges de rhéteurs, de sophismes littéraires, de chicanes d'avocat. On va droit au fait. Le mensonge est surtout en horreur. On ne voit pas cette démagogie rusée recouvrir d'apparat ses fourberies politiques, et cacher la noirceur de l'ame sous une brillante bave d'impostures. Le soldat n'est, par sa nature, ni flatteur des grands, ni courtisan du peuple. Il sait commander parce qu'il sait obéir. Je le répète, c'est par des soldats que se fonde la grande liberté politique. Sans doute, il leur est arrivé d'en être les bourreaux. Mais voilà pourquoi il est si important de rendre leur place plus haute et plus digne entre nos hommes d'état et nos orateurs publics. Qu'ils soient comme les têtes de la liberté, pour que cette liberté soit mâle et étrangère aux coteries.

13

Pourquoi le militaire ne respecterait-il pas les droits
et les privilèges de l'ordre civil comme ceux de l'ordre
religieux ? Dans son état, rien ne le destine spécialement à l'oppression, pourvu qu'on le fasse entrer dans
le gouvernement avec la mesure convenable, et dans
les assemblées politiques avec une juste concurrence.
Que l'ordre civil soit à l'abri des atteintes du soldat :
réprimez la licence des camps. Que le soldat soit citoyen sans abdiquer son titre de soldat. Organisez
dans ce sens votre code militaire. Etablissez un juste
équilibre entre les nécessités de l'état militaire et
les exigences de la loi civile. Que le simple citoyen,
excepté en cas de guerre, ne soit jamais distrait de
ses juges naturels et mis à la merci d'une cour martiale. Si l'œuvre portée par M. le marquis de Clermont-Tonnerre, dans la session précédente, à la tribune de la chambre des pairs, était défectueuse sous
ce rapport, faites-lui subir une refonte scrupuleuse.
Mais gardez-vous bien de toucher à ce qu'il y a d'ex-
ceptionnel dans l'ordre militaire : état dur et d'abnégation de soi-même, qui a besoin d'avoir beaucoup
d'honneur pour récompense.

J'ai nommé M. de Clermont-Tonnerre ; sa défaveur
a été grande près des libéraux. Les royalistes ont été
fort divisés sur son compte. La partie contraire à la
congrégation l'accusait de favoriser les projets de cette
dernière, et de prétendre imposer au militaire une
religion de commande. Suivant un autre parti, il
n'encourageait pas assez l'émigration, et ne voulait
se souvenir que des campagnes de l'armée de Bona-

parte. Reproches contradictoires, dont je ne prétends pas déterminer la valeur. L'état militaire demande à la fois une implacable justice dans la hiérarchie de l'avancement, et la recherche du génie militaire chez les individus, qu'une spéciale faveur va prendre dans les cadres réguliers pour les en faire sortir. Il faut, pour remplir cette tâche, une grande autorité morale sur l'armée, et le talent de ne mécontenter jamais une juste fierté, de ne blesser jamais les sentimens d'équité et de justice.

CHAPITRE IX.

Du clergé.

Je me suis assez prononcé contre une religion politique dans les précédens chapitres, quand j'ai parlé de la présidence du conseil et des divers départemens où l'on a cru que le clergé avait accès et influence. Que la religion, chez les peuples de l'antiquité, ait engendré l'Etat : que l'Eglise l'ait régénéré sous le christianisme : on le conçoit. Mais quand l'Etat et l'Eglise sont en divorce complet, employer la religion comme instrument de police, au service d'une faction, d'une coterie, c'est tout bouleverser. Il faut que de nos jours l'Etat reste étranger à l'Eglise. Il ne pourrait s'allier à elle que pour la subjuguer : mais il faut aussi que l'Eglise reste étrangère à l'Etat. Tout est perdu pour elle, si elle prétend s'y amalgamer par ce tripotage de places et dans ce but politique d'une congrégation qui a espéré reconstruire l'édifice catholique au moyen de la confession de foi des fonctionnaires.

C'est que mille illusions nous déçoivent encore. La Charte a été fondée au milieu des débris de l'ancien régime, de la révolution, de l'empire. Nous voulons,

a dit l'ancien régime, un clergé de cour, des jésuites,
des missionnaires, non pour la dévotion seule, mais
surtout pour que la religion serve à refaire la France
monarchique. Une autre fraction d'ancien régime veut,
au contraire, un clergé corporation de l'Etat, soumis aux conditions de l'Etat , d'après l'interprétation de l'église gallicane par les parlemens. Point
de jésuites ; la surveillance exercée sur les missionnaires. Du reste , que le catholicisme soit favorisé
comme religion de l'Etat. Telle est aussi, avec quelques
modifications, la pensée de M. de Montlosier.

La révolution tient un autre langage. Elle se divise
en deux camps; celui des persécuteurs, celui des indifférentistes. Suivant les premiers, la religion a trop de
force. Laissez-la libre, elle écrase la philosophie. C'est,
au contraire, à la philosophie d'*écraser l'infame*, mais
avec prudence. Comme le catholicisme a reparu parce
qu'on a dépassé le but, il faut maintenant user de
ruse, employer contre le haut clergé le langage d'un
gallicanisme interprété par les jansénistes, frapper les
jésuites au moyen des parlemens , et revivifier les appels comme d'abus. Nous jouirons de leur guerre in-
testine; nous les verrons se diviser, se persécuter, ré-
agir les uns contre les autres : et c'est ce qu'il nous faut.
En attendant mieux , rangeons-nous du parti de ceux
qui veulent soumettre la religion à l'Etat; il viendra
un temps où nous attaquerons cette religion de l'Etat
qu'ils défendent.

Les indifférentistes sont plus dangereux et plus raisonnables. Plus dangereux; car ils espèrent effacer la
religion par le mépris. Autrefois, disent-ils, elle fut

bonne : mais elle est usée. Chaque chose a son temps ;
l'idéal a vieilli ; le positif le remplace. Les indifférentistes sont plus raisonnables : ils s'opposent à la persécution. Point d'appels comme d'abus ; laissez s'organiser missionnaires, jésuites ; liberté pour ces messieurs,
pourvu qu'ils ne réclament aucun privilège. Que les
déistes, que les athées même aient la permission de
s'assembler. Une église d'athées : chose plaisante !

Certes, il faut une tolérance large, absolue, entière,
mais non pour le vice, non pour le désordre, non
pour la subversion de l'Etat. C'est ici que les indifférentistes s'égarent. On tolère les sectes indistinctement,
pourvu qu'elles soient inoffensives et morales. C'est
par la vérité que le catholicisme se soutient. Jésuites,
moines, missionnaires, tant qu'ils demeurent dans
cette vérité, doivent avoir la liberté, la paix ; s'ils
prêchent la violence, s'ils conspirent la ruine de l'Etat,
qu'on les réprime. Ils sortent alors de leur vocation ;
c'est un abus qu'il faut châtier. Les abus expirent si
vous établissez une tolérance haute et large. La propagation de la foi sera sûre, paisible, conforme à la
charité chrétienne, et non armée, sanglante, telle que
l'entendaient les inquisiteurs.

Nos hommes de l'empire voudraient remettre en vigueur les lois organiques de Napoléon, et opposer à
la marche du clergé catholique le faisceau des violences de l'ancien régime, de la révolution et de l'empire réunies en une seule masse. Iniquité des iniquités !
La Charte, dont tant de décombres obstruent encore
la magnifique avenue, et réclament une main qui les

déblaie , la Charte fonde la religion sur la tolérance, la monarchie sur la liberté, la vérité sur la publicité. C'est une nouvelle ère politique : elle répudie non la sagesse du passé, mais l'héritage de ses violences que voudraient lui imposer les factions.

Au milieu du renouvellement de la société politique, dans cette situation dont les partis, au lieu de l'aborder en face, ne savent apercevoir que le profil, quelle sera la position de la religion? Que l'alliance avec le passé soit rompue, la chose est évidente. Vainement essaierait-on d'adosser à la Charte l'édifice d'une église nationale : cette tentative du gallicanisme parlementaire et janséniste, modifié par le gallicanisme de la cour, n'aurait pas de résultat.

Déjà nous avons porté notre attention sur ce grand sujet, nous y revenons. Une réforme, partie du centre de la catholicité, une réforme catholique, apostolique, romaine, est indispensable dans les rangs du clergé. En fait de religion , la routine perd ses droits. Il faut mission, vocation, apostolat, sous les formes hiérarchiques de l'Eglise , avec initiation de l'Eglise. Mais des rangs du clergé doit disparaître tout ce qui est *métier*. Que la société sacerdotale soit une association d'élus. C'est la première condition de sa prospérité future. Qu'on la ramène à cette vive source de son existence, où les Gregoire VII et les saint Bernard surent conférer de leur temps, et sous les conditions essentielles à cette époque, le baptême d'une vocation nouvelle. On ne verra jamais se reproduire ce qui fut sous la même forme ; on le verra éternellement se réproduire dans son esprit.

A un siècle savant, mais incrédule, mais indifférent en matière de foi, il faut ensuite un renouvellement de la religion dans la science. Le Créateur doit s'incorporer de nouveau à la créature. Nulle physique sans Genèse, nulle métaphysique sans incarnation d'un Dieu. Le Créateur est le géomètre. En lui résident les nombres, les proportions et les harmonies. Il est l'architecte, il est le musicien. Quelle vie existe isolée? Quelle est celle que le souffle divin n'anime pas? Comment y a-t-il attraction, magnétisme, sympathie, sans pouvoir suprême? Et les figures, et les idées! Et cette harmonie des figures et des idées au sein de la création, ainsi que dans la pensée de l'homme, comment, par quel miracle, émaneraient-elles de l'action physique des molécules?

Cette manière de concevoir la science catholique, demande la plus profonde investigation des causes déterminantes de ce protestantisme, qui s'est emparé sous formes soit rationnelles, soit matérielles, de tout l'ensemble de nos connaissances, et qui menace de dévorer le monde en y répandant ce qu'on nomme les lumières du siècle. Hommes de vertu, hommes de savoir, esprits droits et religieux, répondez : les membres du clergé n'ont-ils rien à apprendre sous ce rapport? Comment sait-il son christianisme?

Mère céleste des sciences, la théologie n'est enseignée que comme une scolastique stérile dans l'école cartésienne. Dans celle de M. de Lamennais, elle dégénère en une vaine ostentation de polémique sur l'autorité. Nos aïeux, que nous appelons grossiers, étaient

plus avancés que nous dans la science catholique :
aujourd'hui un certain parti semble croire que tout
a été dit, qu'il n'est plus besoin de penser, d'aimer,
de méditer, mais de croire et de s'endormir.

Sans doute il faut croire, et la foi produit la sagesse.
Sans la foi nulle pensée ; tout vacille incertain autour
du sceptique. Qui n'a foi qu'en sa raison seule s'environne de sophismes. Une foi est nécessaire qui soit
d'accord avec le genre humain ; c'est la seule vraie,
celle de l'Eglise, celle qui embrasse l'univers. Mais
croyez-vous la posséder en levant contre la science
l'étendard d'une folle croisade ? Ne repoussez pas l'enfant du pauvre des rangs de vos disciples. Sachez l'attirer à vous, que le souffle de charité fasse éclore la
fleur de la vraie sagesse. Que chaque homme soit pour
vous un temple, dont l'avenue soit pure de toute
souillure. Que ses parvis sacrés s'embellissent de fleurs.
C'est l'autel où le Christ va s'immoler, il descend dans
le cœur de l'homme. Prêtres, il vous appartient d'y
pénétrer et de préparer l'asile du Christ ; c'est à vous
aussi d'orner le sanctuaire. Le Père de la création
dont la loi est l'amour, mais aussi la science, se com-
plaît dans la créature. Vous voyez partout les émana-
tions de son cœur, les bienfaits de sa main. Qui résis-
tera jamais à la force de vérité, quand cette vérité sera
aimable et douce ? S'il faut cueillir la fleur odorante,
qui se plaindra des épines qui l'environnent ? Dès que
la religion viendra faire la conquête du monde, on la
verra s'associer à la liberté politique, à la liberté de
l'intelligence.

Je me trouve ici en formelle dissidence, non avec les gens de routine seulement, avec les hommes du *métier*, mais avec ceux qu'effraient les prétentions du clergé; avec ceux qui, comme M. de Montlosier, repoussant et renfermant le prêtre dans la simple et stricte exécution de son office, s'écrient avec le Journal des Débats, que tout est fini, qu'il n'y a plus de conquête à faire, et que le christianisme triomphe, parce qu'il y a Curés, Evêques, Archevêques, aux sermons desquels on assiste, par plaisir ou bienséance, comme aux réunions de l'académie, et qui reçoivent de temps à autre les honneurs d'un fauteuil d'institut, ou d'un siège de pairie. Pauvre religion que celle qui se contenterait du dehors des choses! Est-ce là cette religion que les apôtres ont prêchée?

Sous ce rapport, donnons raisons aux élèves de M. de St.-Simon et aux écrivains du *Globe*. Ils voient dans une telle organisation religieuse la bête de Roland, parfaite, mais morte. Seulement on se trompe en ignorant ce pouvoir de régénération éternelle qui vit dans le catholicisme, c'est-à-dire dans la vérité absolue, fondamentale des choses. On n'a vu que les apparences; on n'a pas connu la réalité.

J'ose le dire, quelle que soit la piété même d'un peuple entier de congréganistes, excité par un peuple de missionnaires et de jésuites; les circonstances qui entourent cette piété, cette foi, semblent indiquer, malgré qu'on en ait, peu de confiance dans l'action de la religion seule, dans son action personnelle sur les hommes, pour les amener à la foi. Ce n'est pas avec la religion qu'ils ont voulu conquérir le royaume de France, c'est avec des places. La congrégation était une pépinière destinée à fournir à la monarchie de jeunes auditeurs, de jeunes secrétaires, de jeunes sous-préfets, de jeunes officiers. Il faudrait, pour s'emparer ainsi d'un empire, avoir beaucoup de lumières, une vaste étendue de connaissances. Point du tout. On s'en tenait aux banales accusations contre la perversité du siècle. Il aurait fallu, à force de génie, se faire pardonner la conquête de l'ordre social. On a imaginé, au contraire, que les ambitions rivales et ennemies lâcheraient pied devant une combinaison habilement tissue de ruses et d'intrigues. On a découvert la vanité de cette erreur. Ce qui a le plus nui au gouvernement, c'a été la conviction que l'obsession religieuse, sans autre lumière que l'obstination de sa volonté, occupait ou arrachait beaucoup de places, en dépit ou à l'insu des hommes qui gouvernaient. Quand on lui a révélé tous ces certificats de royalisme, certificats qui en cachaient d'autres semblables aux billets de confession, la masse de la nation s'est crue déshéritée du pouvoir. M. le garde des sceaux, en les vantant hautement et imprudemment, a constitué le gouvernement en flagrant délit d'esprit de parti.

Je sais que l'exclusion des partis contraires est la vieille tactique et la règle de conduite suivie par la révolution, le consulat et l'empire. On a vu M. Benjamin Constant solliciter pendant les cent jours, comme sous M. Guizot, des destitutions en masse embrassant tous les pouvoirs, depuis le préfet jusqu'au garde champêtre : et certes, il y aurait mauvaise grace à lui d'attaquer le système de M. de Peyronnet et d'imputer à la congrégation un accaparement illégal de toutes les places. Mais la restauration ne doit avoir rien de commun avec les systèmes qui l'ont précédée. Se livrera-t-elle sans défense à ses ennemis? Non, mais qu'elle relâche les conditions du royalisme de manière à pouvoir embrasser les masses. Sa devise devrait être : quiconque n'est pas décidément contre nous, est dans le fait pour nous. Il faut qu'elle sache oublier et se ressouvenir en temps utile. Ne demandez pas aux hommes un grand zèle pour la religion; contentez-vous d'écarter la haine. Vous verrez s'étendre insensiblement la religion et la monarchie sur un champ qui paraissait stérile. Il s'agit de savoir comment s'y prendre, de ne pas pousser soi-même les cris d'un parti, de n'en arborer l'enseigne sous nulle condition, sous nul prétexte. La plus haute politique, celle qui peut le plus efficacement servir de modératrice aux esprits, c'est une conduite large et généreuse.

Nous venons de voir comment cette congrégation, qui, dirigée dans de sages vues, aurait pu devenir utile à la cause publique, est parvenue, à force de petitesses et de tracasseries, et faute de capacités, à indisposer les masses. Le mécontentement s'est accru lorsqu'on a su que d'elle datait une aversion ridicule pour l'élargissement des bases de l'instruction publique, qu'elle repoussait un système de lumières dans lequel elle aurait dû chercher sa force, enfin, que le cri en faveur de la censure s'était violemment échappé de son sein.

La censure, c'est la peur : c'est aussi pour quelques uns la mauvaise pensée. Quand l'imprimerie fut inventée, on prévit les ravages qu'elle pouvait faire, mais on ne pensa point à la censure; on savait que cette tyrannie serait aussi inutile contre la parole imprimée que l'inquisition contre la parole exprimée; et que les étouffer l'une ou l'autre était impossible. Cette oppression peut tout au plus réussir temporairement. Mais dans un temps donné, elle vicie nécessairement le cours des idées, jette le trouble dans les imaginations, et ne guérit point les maux de la presse. En bien comme en mal, l'homme a besoin de se communiquer, c'est sous cette condition qu'il est sociable. Il est membre de la société par la parole : or l'écriture c'est toujours la parole, bien que ce soit la parole sous certaines formes, sous certaines conditions que tous les membres de l'ordre social ne sauraient accomplir également. Il n'y aura jamais de société qui écrive et qui imprime ses écrits en masse : mais comme il y a une société qui parle, il y en a une qui lit et qui lira éternellement.

Contre les abus de la parole, de l'écriture, de l'impression, vous avez le droit commun applicable selon la gravité du fait. De tous les délits, je comprends fort bien que ceux de la presse fussent le plus sévèrement punis. Je vois plus qu'un assassin dans cet écrivain corrupteur qui ment à sa conscience, sème le mensonge et répand le sophisme. C'est un ennemi de l'ordre social. Il est criminel contre le Saint-Esprit, contre cet esprit, embrasé d'amour pour l'homme et l'échauffant pour ainsi dire dans son sein, comme l'agneau de Dieu; non comme l'aspic perfide qui siffle et blesse la main qui l'a sauvé. La loi est-elle incomplète, impuissante à remplir son devoir? Réformez-la. Est-ce le jury, dans un temps de faction; sont-ce les magistrats, poussés d'un esprit de contradiction contre le gouvernement, qui s'opposent au châtiment sévère que la société réclame? Démêlez les causes de ces désordres. Emparez-vous de la publicité, pour les exposer, à travers le tumulte des passions, à la lumière du jour. Comment l'erreur résisterait-elle à la vérité exposée dans tout son éclat? Si une publicité incomplète, mensongère, est la lance d'Achille qui blesse, la véritable, la haute publicité est la lance d'Achille qui guérit. Congréganistes, si vous aviez eu le courage d'une cause dont vous ne possédiez que le vain parlage; si dans votre sein ne se fussent pas agitées des pensées mauvaises et secrètes, des espérances de pouvoir au moyen de la police, de la censure, de l'intolérance, de l'inquisition sous des formes multipliées, vous auriez mis de votre côté la publicité, la liberté, au lieu de cette captation secondaire de la puissance, dans un but d'intrigues.

De grands esprits catholiques ont été, je ne l'ignore pas, amoureux de la censure. Ils en rêvaient une au moyen de la magistrature, avec MM. de Bonald et de Frénilly, comme M. le comte de Maistre, dans l'exaltation de son génie, la désirait exercée par le clergé. Il y eut erreur de la part de ces hommes, quand ils consentirent à s'associer , même fugitivement , à une obscure censure de bureaux. C'en était une bien plus grave encore de la part du gouvernement, de compromettre , en les mêlant aux passions du jour, des noms chers à la religion. Ils eussent mieux fait de se renfermer dans leurs systèmes , même impraticables, que de prêter l'autorité de leur sanction à des combinaisons trop mesquines et trop étroites pour que l'on pût y entrer avec quelque gloire.

Déjà nous l'avons indiqué , c'est la publicité, non la licence, que tue la censure. Nous le prouverons plus incontestablement dans un chapitre consacré aux journaux. Les partis n'ont pas la force de soutenir la liberté ; que le gouvernement s'en empare.

Le plus grand mal de la censure n'est pas d'avoir été temporairement instituée au profit du ministérialisme, ni même à celui d'un parti qui espérait saisir toutes les avenues du pouvoir, et, par une marche silencieuse et couverte, trompant les ministres mêmes, occuper toutes les hauteurs : ces abus temporaires , un souffle de publicité eût suffi pour les ébranler et les renverser ensuite. Le plus grand mal a été de prétendre employer la censure comme appui de la religion et du clergé, alliant ainsi ce qu'il y a de plus stable dans l'éternel ordre des choses, à ce qu'il y a de plus mobile et de plus passager dans les intérêts des ambitions du jour.

« La liberté , dit ce parti qui intrigue et hait les lumières, moins par conviction d'esprit que par insuffisance ; la liberté est anti-catholique par essence. Elle est, de sa nature, rationnelle, protestante. Elle en appelle à l'individu, elle repousse l'autorité, la foi. Qui dit liberté, dit doute. »

Ces raisonneurs connaissent merveilleusement bien la nature de l'intelligence humaine. Dieu est libre et nécessaire; il est son autorité absolue, car il est l'autorité. Il est la liberté par essence; car il est le génie même. Fils de Dieu, l'homme créé à son image est libre et nécessaire, mais non absolu ; s'il était absolu, il serait Dieu même. Il a été constitué avec et dans les conditions du temps, afin que sa liberté pût le conduire à l'éternité, en tant qu'il s'aurait l'assimiler à la liberté divine, se rendre individuellement libre et nécessaire au sein de son père. Voilà pourquoi il n'est pas de plus grand acte de liberté, que l'abandon de cette liberté même entre les mains de Dieu; que l'acte de foi. La vérité qui est nécessaire, parce qu'elle *est*, vit dans la liberté, afin de se reconnaître et de s'éprouver elle-même. A l'homme sans liberté nulle vérité n'est profitable ; il n'a ni tentation ni épreuves. Rien n'est moins digne de Dieu, moins digne de l'homme, qu'une vérité d'esclave, une foi dénuée de liberté : c'est la fatalité de la brute. Autre chose est d'exagérer la liberté en méconnaissant la vérité, et, se faisant ainsi esclave de la liberté, de tomber dans la licence : autre chose, de vivre si j'ose le dire, dans la liberté, pour fleurir dans la vérité et s'épanouir aux rayons de la céleste lumière. Mais gardons-nous bien aussi de rendre la vérité stérile, de vivre dans la brutalité de la routine, au sein d'une foi ennemie de l'intelligence, dans une religion d'automates, qui ne serait point la religion des hommes. N'offensons ni la vérité, ni la liberté, ni la religion, ni la philosophie. Sachons les allier; elles sont sœurs. Laissons à chacune d'elles la juste part qui lui est assignée dans l'héritage du père céleste; il a magnifiquement doté de sagesse humaine et de sagesse éternelle, l'homme, enfant de sa prédilection.

Je sais que plusieurs des hommes qui ont poursuivi ce plan de rétrécissement des idées se montrent essentiellement honorables sous les rapports de la vie privée; mais ils ont le malheur de ne rien comprendre aux conditions du temps et de l'humanité. Loin de moi toute dureté dans le jugement. La haine a réuni ses efforts contre MM. Franchet, Delavau, de Vaulchier, qui, avec une grande exaspération contre la publicité, tendaient vers un but pieux. On les a cruellement calomniés comme hommes, et c'était en partie la faute de leurs systèmes. On eût voulu les représenter comme les soutiens de rigueurs salutaires, comme de nouveaux apôtres d'une Saint-Barthélemy nouvelle. Jamais si coupable aveuglement, jamais si profond machiavélisme n'appartinrent réellement à leur pensée. Même quand leur intelligence s'est égarée, leur cœur n'a jamais failli.

Je ne donnerai qu'un exemple de leur méconnaissance de la nature des choses, j'allais dire, de la bonhomie de leur esprit. La terre enfante un monstre, qui de son souffle empoisonné flétrit l'innocence, et, sous l'habit d'un prêtre, paraît sur la scène publique.

C'est le fameux Contrafatto. La raison et la justice voudraient que l'on ne vît en lui que le coupable, le criminel, d'autant plus impardonnable que, comme ecclésiastique , il connaissait mieux l'étendue de sa faute. Telles ne sont pas les vues de l'esprit de parti religieux : tel n'est pas le calcul d'une piété rétrécie. Parce que Contrafatto est prêtre, on prétend que son crime n'existe pas ; on affirme que c'est une fiction des ennemis du culte. La mère de la victime est signalée comme suspecte ; enfin, après une misérable instruction, le coupable est relâché. Double faute , et de M. le juge d'instruction , et de M. le préfet de police. Le peuple s'éveille aussitôt : la malveillance pousse un cri : « Il y a donc inviolabilité pour les crimes du prêtre, « puisque l'habit porté par ce criminel l'a soustrait à « la vindicte publique? Un prêtre peut donc en- « freindre la loi divine et humaine? » Alors se réveille, dans une masse encore imprégnée des souvenirs de la révolution, la haine du clergé. Contrafatto aurait dû être jugé de prime-abord : la plus haute publicité aurait dû témoigner la justice du gouvernement, quant aux droits de l'ordre civil ; du clergé, quant à ce qui concerne l'ordre ecclésiastique. Nul scandale ne se fût élevé. Le libéralisme, réduit à l'impuissance , eût frémi de rage. Cet homme fouetté, marqué, eût satisfait à la publique indignation. Qui sait même si l'extrême misère d'un être moral aussi profondément dégradé n'eût pas excité, en dépit de son crime, quelque compassion chez le peuple?

Même remarque , même erreur, à propos de ce

Mingrat et de ces autres criminels, dont le clergé eût dû provoquer le jugement, loin de trembler devant un scandale qui n'est né que d'une peur déplacée et d'un inquiet désir de l'éviter.

En général, les ecclésiastiques ne peuvent retrouver leur autorité, leur haute importance, qu'en se détachant sévèrement de toute intrigue, de tout immiscement dans les affaires de place, en séparant absolument leurs intérêts de ceux des fonctionnaires de l'ordre civil, en mettant un terme à toutes les tracasseries qui résultent d'une telle confusion. Ils ont souffert un extrême préjudice de leur alliance avec une congrégation de laïcs et de fonctionnaires dévoués à ces derniers. Qu'ils comprennent la force de la liberté, qu'ils ne redoutent pas le grand jour de la publicité. Qu'ils vivent loin des faveurs, dans l'indépendance de leur culte, de leur apostolat, de leurs établissemens religieux. Bientôt leur importance grandira de nouveau dans l'ordre moral. Nuls appels comme d'abus ne viendront plus troubler le sacerdoce dans l'exercice de sa mission, qui trouvera sa surveillance naturelle dans la discipline du clergé même.

CHAPITRE X.

De M. le comte de Montlosier et de ses écrits.

M. de Montlosier est entré dans la lice polémique ,
pour combattre les prétentions du clergé. Il a fait plus;
accusateur de ses fautes , il est venu lui enseigner ses
devoirs. Il a été même jusqu'à vouloir ériger une im-
prenable citadelle, d'où , tout en tenant le clergé
même assiégé , l'on pût repousser ses attaques.

Un nuage sombre avait pesé sur les derniers plans
de notre scène politique; la foudre y grondait enfer-
mée : elle n'eût point éclaté si M. de Montlosier ne
lui eût communiqué l'étincelle électrique. Devenu ,
pour ainsi dire , le conducteur du tonnerre , l'organe
non-seulement des gens sensés qui redoutaient la pro-
fanation de la religion par l'intrigue, mais de toutes
les colères , haines, aversions, de tous les souvenirs ,
préjugés et désirs de vengeance parlementaires , jansénistes , protestantes , voire même révolutionnaires,
contre le sacerdoce; il dut s'étonner de voir les résultats inattendus d'une action dont il n'avait pas
prévu les suites: tout cela s'est fait à son insu , mais
nécessairement. Son écrit ne périra pas. En dépit de

lui-même, il est devenu le Luther de la France catholique ; mais tel qu'il devait naître au milieu de ce siècle d'indifférence en religion. Le fatras des paroles libérales fût tombé devant la marche rapide et sûre des faits. Incapable de saisir la vague image flottante devant ses yeux, le libéralisme surpris, a vu M. de Montlosier, instruit aux sources, donner un corps à cette ombre vaine. La révolution s'est de tout son poids attachée à ce corps solide, et le triomphe de M. de Montlosier est venu s'achever sur un champ de bataille qu'il n'avait pas choisi.

Telle corde ne se laisse point toucher sans donner une vibration longue et forte. D'ailleurs, profondeur à part, il y a du Luther et du Diderot chez M. de Montlosier. Tumultueux, passionné, ses paroles sont trop fortes pour sa pensée. Il saisit admirablement bien certains côtés des choses. Il les sillonne, prompt comme l'éclair. La nuit vient ensuite étendre un épais rideau sur les scènes, entrevues, à peine éclairées, tout à coup rendues aux ténèbres. C'est évidemment un génie, mais génie bien incomplet. Il s'est usé sur le sujet qu'il a embrassé avec tant d'énergie ; c'est le lion qui *s'édente* sur la proie qu'il secoue. Sa parole, faiblissant par degrés, manquant de poids et de volume, n'est plus que le son répercuté du même écho. A moins qu'on ne le voie revivre dans l'ouvrage de métaphysique qu'il nous annonce, il est clair qu'il a dit son dernier mot.

On se demande avec étonnement : « Pourquoi un ouvrage si hardi et souvent si vrai dans l'attaque se

trouve-t-il si frivole quant à l'estimation de la profondeur du sujet; et que surtout il soit aussi maigre,
aussi chétif dans la conclusion comme dans les résultats? Quoi ! tant de force, dût-elle frapper à faux,
et par conséquent s'affaiblir, devait-elle aboutir à de
si vulgaires effets? »

M. de Montlosier essaie de refaire l'ancien régime,
quant au clergé : il veut reconstruire l'ancienne juridiction usurpée par les parlemens sur la discipline
ecclésiastique, les appels comme d'abus, en un mot
la guerre acharnée entre les jurisconsultes et les prêtres, ornée de tous les antécédens qui dominent cette
querelle et qui se composent de calvinisme, de
jansénisme et de gallicanisme. Bien plus, le savant jurisconsulte, ravivant en même temps ces articles organiques de Bonaparte, qui, trouvant bon de forfaire
à sa parole, interpréta le concordat à sa guise,
cherche à en imposer le dur licou à l'ordre ecclésiastique. Avec ce système, le clergé n'a aucun des
avantages de l'ancien régime ; ce qui rompt toute
mesure d'équité. Nous voilà reportés d'un siècle en
arrière vers toutes ces fastidieuses querelles qu'on
avait oubliées ; voilà qu'on essaie de fonder une *Eglise
nationale* qui aurait à peine quelque rapport avec le
centre de la catholicité. Mais qu'est-ce qu'une Eglise
nationale? Le sait-on ? C'est l'entier oubli de cette loi
universelle donnée par Jésus-Christ, et embrassant,
non pas une seule localité sous une forme spéciale,
mais le monde. C'est un schisme sous un autre nom,
un divorce mal déguisé, une vraie séparation de l'u-
nité de l'Eglise catholique, apostolique, romaine.

Les temps sont mûrs pour les grandes vérités. De toutes parts s'avancent les destinées du genre humain. L'ancien régime vaincu sur tous les points; les peuples reportés à l'unité de mœurs et d'opinions; les barrières qui séparaient les différens hémisphères, s'écroulant de toutes parts; Païen, Mahométan, Protestant, Philosophe, Déiste, Athée même et Matérialiste, se trouvant en échange d'idées sur le sol de l'Asie, de l'Afrique, de l'Australie, de l'Amérique; tous ces mouvemens du rationalisme, ramenant le monde vers un pôle unique, et y faisant tendre toutes les facultés humaines comme autant d'aiguilles aimantées : et pour combattre cette expression protestante du genre humain, le frêle et mesquin édifice d'une Eglise nationale ! Vous, qui étudiez de bonne foi l'histoire des peuples, et ne vous laissez point dominer par tel ou tel aperçu isolé, croyez-vous qu'un tel état de choses doive subsister? Non : que, maître de lui-même, libre de toute entrave, le catholicisme, ayant la conscience de sa force, puisse accomplir sa mission, et se placer comme centre ! On verra de nouveau les mondes accomplir leurs révolutions autour de cet axe divin, qui est la parole du Christ. Autrement tout se dissoudrait et tomberait en poussière.

Je dois l'avouer; quand je commençai à faire connaissance avec les écrits de M. de Montlosier, l'indépendance de son esprit captiva mon attention, l'originalité de son expression m'attira. Je vis alors combien était profonde la gangrène littéraire qui nous dévore; tel charlatan de phrases en imposait davantage au pu-

blic. Point de critique en France; la coterie y règne,
de concert avec un sot enthousiasme et une ignorance
qu'on pourrait nommer crapuleuse. L'un ne voyait
dans l'écrivain, auteur de tant de pensées brillantes,
qu'une espèce de Don Quichotte de la féodalité ; l'autre lui refusait le raisonnement philosophique. Avant
d'avoir attaqué les Jésuites il vivait dans la disgrace
du Journal des Débats. Les partisans du clergé se dé-
fiaient de ses intentions ; de toutes parts, ou on le
blâmait, ou l'on feignait de ne le point connaître. A
peine lui accordait-on le feu des saillies, et cette puissance d'imagination qui le distingue. Mais ses dernières brochures ont paru. Il devient tout à coup un
grand ou un odieux personnage ; chacun le traite selon ses diverses passions : M. Madrolle le siffle,
M. Etienne l'applaudit. Dans le Constitutionnel, c'est
un sage : dans la Gazette de France, c'est un fou.
Au milieu de ces voix discordantes, personne n'a
encore jugé un homme qui, malgré l'incorrection de
son savoir, surpasse, par la force de la conception
et des études, la plupart de ses détracteurs et de
ses panégyristes. S'il a gagné à bon marché une
popularité inespérée, l'aversion des congréganistes
lui est venue d'une manière à peu près aussi gratuite.

Certes, dans la singulière mobilité de ses aperçus,
dans la bizarrerie même des formes que revêt sa pensée, l'esprit de M. de Montlosier est plein de vie. Au
désordre de l'expression se joint une franchise extrême de conviction, ainsi que ce besoin de tout dire,

qui le porte à braver les convenances même , sans oublier cependant l'aristocratie de sa position et celle
de son talent. Mais , en dépit de la vivacité avec laquelle cet écrivain applique ses idées aux choses présentes, quoiqu'il se montre fort animé dans sa conception actuelle de l'ordre social, sa pensée après tout
semble pétrifiée. Tels ces êtres jadis vivans , que
l'ambre conserve et protège, nous offrent leurs formes
clairement dessinées dans la matière transparente qui
les enveloppe. Mais qu'il y a loin de cette conserva-
tion à la vie réelle qui les animait quelques siècles
plus tôt.

Dans ses études historiques, M. de Montlosier a commis de graves erreurs sur nos antiquités nationales pri-
mitives. Il a supposé une organisation gauloise là où il
n'existait plus qu'une organisation romaine. Le tableau de la féodalité est un chef-d'œuvre à quelques
égards ; mais le clergé , les communes , les universités
n'ont été vus que de côté sous un point de vue assez
étroit , et insuffisant sous tous les rapports pour expliquer et éclaircir la masse historique des élémens
composant l'ancienne vie sociale. Il a beaucoup mieux
saisi la physionomie des parlemens, auxquels il n'est
favorable que dans les temps modernes, comme ayant
essayé de mettre le clergé en tutelle. La monarchie de
Louis XIV a été jugée par lui avec hardiesse, mais
avec justice ; seulement de puissantes considérations
ont paru lui échapper ; ce règne ne s'est offert à lui
que sous un seul aspect politique.

La philosophie est la partie faible des ouvrages de

M. de Montlosier. Non que le talent des idées lui manque ; mais, comme chez Diderot, tout cela existe chez lui par saccades, par boutades. Il indique assez fortement la situation des esprits par rapport à la marche générale de la pensée; mais il n'en aperçoit pas la haute importance, et se contente d'envisager les choses humaines sous un point de vue politique avant tout, dépendant des altérations que les hommes, les événemens, les mœurs apportent aux institutions fondamentales. En haine de l'abbé Barruel et des cerveaux fêlés qui n'ont vu dans la révolution française qu'une conspiration de francs-maçons philosophes et d'économistes radotans sur la politique, il est tombé dans une exagération presque contraire. Il semble prêt à méconnaitre l'influence que la philosophie a exercée sur le bouleversement de l'époque. Mais qui n'est pas frappé de la marche de la pensée dans ses rapports avec les événemens qui changent la face des affaires, ne peut jamais comprendre grand'chose à l'action de la religion, comme ressortant d'un fond de doctrines communes à elle et à cette philosophie qui s'appuie sur les plus intimes besoins de notre intelligence.

M. de Montlosier ne manque ni de catholicisme, ni de métaphysique. Chez lui reposait un élément de profondeur qu'il n'a pas assez cultivé, qu'il n'a point assez creusé. En physique aussi ses idées se teignent de métaphysique, je dirais presque de croyance religieuse. Mais aussi, séduit par un panthéisme poétique, est-il bien près de s'égarer avec M. de Chateaubriand et Bernardin de Saint-Pierre; d'ailleurs doué d'une tête

plus forte que le dernier de ces écrivains, il a plus que
lui la conscience de cette doctrine. On voit qu'il a eu
du goût pour les pères de l'Église, qu'il n'est pas sans
avoir connu la docte antiquité. Mais faute d'avoir su
faire cadrer son savoir avec son opinion, il est resté
indécis sur les rapports mutuels de la physique, de la
métaphysique, de la théologie : il n'a pas su comment
placer les sciences exactes dans son système, et le fond
même de son intelligence s'est trouvé dans une pénible confusion. De là l'extrême frivolité de son jugement
sur les sacremens, le manque d'unité de son système
de morale, la scission trop absolue entre une morale
selon les besoins du monde, et une autre morale conforme aux exigences du christianisme. Dans ses aperçus
le vrai et le faux se mêlent d'une manière fatigante;
et l'on s'impatiente plus d'une fois en s'égarant dans
le labyrinthe des pensées d'un homme qui se fait remarquer et par un grand talent et par l'extrême dé-
ccusu qui rompt à tout moment la trame de sa pensée.

J'ai cru devoir faire entrer dans le tableau de nos
affaires présentes les ouvrages de M. de Montlosier. Il
a ébranlé fortement les convictions de ce pays sur un
point infiniment délicat, et je dois ajouter infiniment
dangereux. D'autres se sont prononcés d'une manière
plus ou moins amère sur le degré de moralité de son
action. Lui-même a cru y voir une triste nécessité. Dieu
seul lit au fond des cœurs; seul il connaît et apprécie
ces mobiles que la frêle humanité impose à nos actes,
et qui, à notre insu, contribuent plus ou moins aux
déterminations de notre vie.

CHAPITRE XI.

Des journaux.

J'AI écrit dans les journaux et tenté de fonder un journal. C'était pour moi une nécessité de l'époque, non un pouvoir dominant la société. Il m'a semblé que l'homme honorable honorait toutes les fonctions, comme l'être vil les déshonore toutes. Dans le plus mince des feuilletons vous pouvez mettre du talent, de l'observation, même du savoir. Le fond des choses, non le format des ouvrages, décide de leur valeur. S'il y a stupidité dans le brutal mépris voué au *Journalisme,* il y a ridicule et sottise dans la vanité des journalistes qui s'érigent en puissance politique; il y a bassesse digne de haine chez ces gens qui livrent leur plume et leur conscience à l'encan du pouvoir et des factions. Si donc j'ai aussi de sévères paroles à faire entendre au journalisme, que l'on ne se méprenne pas sur mes intentions. La liberté la plus absolue de la presse n'a pas de défenseur plus dévoué, plus déterminé que moi, sauf la répression, non inquisitoriale, mais légale de cette liberté, quand elle dégénère en licence.

Je le dis donc à tel homme qui fonde son insolence

sur son opulence ; à tel autre qui appuie son orgueil
sur son crédit ; à ce troisième qui voit s'ouvrir devant
lui les salons du grand monde et qui se gonfle d'une
risible fatuité. « Tel journaliste peut vous valoir tous,
pour l'esprit, le savoir, la solidité du jugement ; ce
qui en vérité n'est pas dire grand'chose. Quiconque
remplit tout son devoir, mérite autant d'estime que le
premier personnage de l'Etat. Mais le journaliste ne
doit pas, en sa seule qualité de journaliste, étendre et
élever ses prétentions au-delà de la sphère bornée de
ses attributions. »

Je ne reviendrai point sur ce que les feuilles périodiques et quotidiennes m'ont souvent forcé de répéter.
Les gazettes de ce pays sont écrites en général par des
hommes de beaucoup d'esprit, et d'une pétulance rare
pour le style et les idées. Le Journal des Débats a d'assez larges opinions en politique, dès que la guerre des
hommes et des places n'y entre pour rien. Sans doute
cette feuille se montre un peu superbe. Mais avec son
importance, on le serait à moins. Il est de notoriété
publique qu'elle exerce un très-grand empire sur les
déterminations d'une foule d'hommes publics de la
France. A-t-elle bien mérité de la patrie ? Son influence
est-elle salutaire ? La question est différente.

Au dehors comme au dedans, en affaires d'administration comme de gouvernement, on a reconnu
dans les Débats un esprit constant d'opposition infatigable. Là, M. de Villèle était accusé d'incapacité
complète ; ses collègues étaient traînés sur la claie, et
ce supplice d'infamie semblait encore trop doux pour

eux. Des hommes dont l'opinion réelle n'a rien de démagogique, dont les systèmes même aspirent à représenter non ce qu'il y a d'extrême dans la droite ni de tumultueux dans la gauche , mais une certaine modération politique accueillant tout le monde pour lui faire justice ; ces hommes n'ont cessé d'employer contre leurs ennemis les armes de la démagogie la plus violente. Comment les Débats, dont les rédacteurs jouissent personnellement et à des titres divers de l'estime de leurs concitoyens, ont-ils pu se laisser aller à un tel débordement de colère? Est-il bien vrai qu'à leurs yeux M. de Villèle soit aussi exécrable qu'ils l'assurent?

Commençons par rendre justice complète aux Débats , qui, malgré les variations qu'on leur reproche , ont toujours soutenu , avec M. de Chateaubriand , la monarchie selon la Charte. Cette feuille a seulement donné, de temps à autre, diverses interprétations à cette Charte. Si les partis se sont rapprochés, si l'on voit se réduire à des nuances qui souvent se confondent l'ultracisme et le libéralisme; ce n'est pas, comme le Journal des Débats a l'air de le croire, parce que onze ans se sont écoulés depuis la restauration : c'est que réellement les anciens doctrinaires de *droite* , ayant M. Fiévée à leur tête , sont devenus doctrinaires de *gauche* , sans changer de chef. Il leur fallait autrefois un système de Torysme ministériel , uni à un système de Whiggisme aristocratique , comme dans la Grande-Bretagne. Ils parlaient alors d'un clergé représenté dans l'Etat, d'une loi d'aînesse, de substitutions , de communes à franchises patriciennes. Dans leurs écrits, la démocratie elle-même adoptait les couleurs de l'aristocratie. Tel fut le langage des Débats depuis la restauration jusqu'au moment où M. de Chateaubriand sortit du conseil. Un peu auparavant, M. Fiévée dans quelques brochures s'était écarté de cette ligne politique. Alors il faisait, en faveur de la démocratie de M. de Villèle, quelque opposition à l'aristocratie de M. de Chateaubriand. C'était là un commencement de brouille avec le parti dévot, dont M. le duc de Montmorency était censé le chef.

A peine M. de Chateaubriand fut-il expulsé du gouvernement d'une manière incompréhensible pour la forme, on vit les doctrinaires de droite, faisant rapidement volte-face, se métamorphoser tout à coup en doctrinaires de gauche. Cette expression, *doctrinaire*, n'a pas plus d'importance ni plus de précision que tous ces termes inventés par les coteries et les factions pour se définir et se reconnaître. Avec ces mots, comme sous des étiquettes diverses, on classe les opinions, sans parvenir jamais à une grande exactitude; il est une masse toujours flottante et incertaine qui ne se laisse jamais circonscrire. C'est ainsi que la géographie comprend sous le nom de Tartares ou de Scythes une foule de populations, diverses d'origine, qui étaient venues successivement habiter le sol qu'avaient occupé les Scythes et Tartares. Toute généralité qui ne renferme pas une doctrine philosophique conserve toujours quelque chose de vague qui s'oppose à la précision des distinctions.

Quel qu'ait pu être le motif des griefs de M. de Villèle contre M. de Chateaubriand, la France a ressenti, comme un attentat à sa propre dignité, la forme avec laquelle le dernier de ces hommes d'état a été banni du gouvernement. Quand ensuite la colère du ministre expulsé s'est exhalée dans les feuilles publiques, tous les hommes graves ont gémi. La vengeance est douce ; mais il est des bornes que l'on ne doit point dépasser. Tendre au renversement de son ennemi, c'était fort bien ; mais y employer tous les moyens ! Dévoiler toutes les misères de son parti, toutes les faiblesses de sa cause, c'était se reprocher à soi-même de les avoir soutenus, d'avoir exalté l'une et l'autre dans le *Conservateur*, sans aucune réserve et au-delà de toute raison, de les avoir idéalisés pour ainsi dire dans la *Monarchie selon la Charte*. Car, si M. de Chateaubriant n'est point solidaire de l'absolutisme politique de M. de Bonald, ni de cette terreur et de cette haine que la publicité inspire à M. Franchet, du moins est-il solidaire de toutes les opinions favorables à une interprétation aristocratique de la Charte, favorables surtout à la cause du clergé, à celle même de ces Jésuites que les rédacteurs des Débats voudraient faire expulser aujourd'hui de tous leurs établissemens.

M. de Montlosier a mis à nu les faiblesses du clergé, M. de Chateaubriand celles des soutiens de la monarchie. Cette œuvre, qui eût pu devenir méritoire s'il n'eût pas été question de la persécution d'anciens amis, s'il ne se fût agi que de redresser leurs torts, est devenue funeste à la religion comme à la monarchie. La religion s'en tirera : l'éternité lui appartient, elle peut toujours conquérir le monde à frais nouveaux. Mais comment la monarchie pourra-t-elle s'en tirer? Je ne sais. M. de Chateaubriand, lorsqu'il a embrassé l'autel d'une démocratie d'élite, a désenchanté toutes les imaginations royalistes. Ce qu'il y avait encore de vigoureux l'a suivi dans ces nouveaux rangs; le reste, ne pouvant se faire à ce changement d'idées , est demeuré en arrière et s'est fait bafouer. Quand on a vu M. de Chateaubriand devenir Royer-Collard, quelqu'un des deux a certainement renoncé à ses principes. Or , M. Royer-Collard n'a pas bougé d'une seule ligne.

L'amour, l'estime , la vénération sont dus à ce respectable citoyen. Sa nomination simultanée dans huit départemens différens, hommage à son beau caractère, me semble un triomphe public. En procédant à cette élection, quelles qu'aient pu être les intentions libérales et le désir du parti qui voulait se donner de brillantes apparences ; nul doute qu'il n'y eût là-dedans beaucoup de spontanéité, et que sous ce rapport le nom de M. Royer-Collard , huit fois sorti de l'urne, n'ait satisfait à la conscience publique. Si je m'étonne de la réunion de MM. de Chateaubriand et Royer-Collard , que l'on ne croie pas que je vois avec peine l'union des grands talens ; ce serait la force du pays. C'est moins ici une alliance fondée sur des bases préliminaires et convenues, qu'une confusion de principes. Je serais curieux , par exemple , de savoir comment on y a procédé quant aux affaires du clergé. Il

n'est pas question ici de cette congrégation qui s'immisce dans la politique, ni de prêtres, soutiens de la
censure et de la police. Il serait aisé à M. de Chateaubriand de faire justice de ces derniers sans trop dévier
de ses opinions précédentes. Mais ce grand écrivain et
l'illustre ami politique avec lequel il a proclamé son
alliance, pourraient-ils sérieusement s'entendre sur la
jurisdiction de l'université, par rapport aux séminaires,
sur les couvens d'hommes et de femmes, sur les Jésuites, et sur cette absolue liberté de l'Eglise catholique, professée autrefois par M. de Chateaubriand? Il
faut cependant se prononcer avec netteté sur des
doctrines riches en conséquences, et qui pourraient
amener un interrègne de réactions religieuses.

J'en ai fini avec les Débats. S'il fallait suivre le cours
de mes affections personnelles, je me laisserais entraîner vers ce journal, dont j'ai à me louer plus que d'aucun autre. Je ne saurais, spécialement, assez remercier
M. Bertin l'aîné de l'amitié qu'il me porte. M. de Salvandy mérite encore mes hommages ; chez lui résident
la franchise, la vigueur et la générosité de la jeunesse,
quelque opinion que l'on puisse se former de ses doctrines, et de la manière dont il les énonce. Qu'il se ga-
rantisse surtout de l'esprit et du ton dominateurs,
signes caractéristiques de la feuille à laquelle il consacre son talent. Partageant sur une foule de points
les opinions de ce journal, je me trouve sur quelques
autres en formelle dissidence avec lui. Mais il ne s'agit
ici ni de mes penchans ni de mes goûts ; il s'agit seulement de ce qui me parait être la vérité.

La Quotidienne offre un caractère bien moins facile à définir. Un homme de beaucoup d'esprit en est le principal propriétaire. M. Michaud, honorablement connu dans la république des lettres , et qui a exposé sa vie pour les Bourbons , n'est cependant pas un de ces politiques dont les doctrines soient assez positivement arrêtées pour que leur système puisse être compris sous une appellation générale. Long-temps sa feuille a servi d'expression à un royalisme de cour ; elle paraissait alors pencher vers l'ancien régime, sans se livrer à tout l'emportement de MM. Madrolle et Genoude , qui nous donnèrent, dans les commencemens, de l'ultra-cisme pur. Mais il était bien clair pour quiconque étudiait bien la Quotidienne que de tout temps son royalisme n'était que de position. C'était moins un royalisme systématique, comme celui de MM. de Bonald et de Frénilly, qu'un royalisme d'affection, une affaire de cœur personnelle à M. Michaud. Dans cette feuille il y a plus de causerie que de politique. Moins arrogante dans son ton que les Débats, elle s'est aussi montrée moins déterminée dans son opinion. Elle plaisait plus à l'esprit de parti qu'à la raison politique : jamais elle n'a été jusqu'à la faction, comme le Journal des Débats. Comme elle ne combattait pas pour les mêmes intérêts, elle ne pouvait avoir le même caractère.

M. Michaud, pour composer son journal, a réuni une foule de jeunes talens, dont l'éclat devait attirer de nouveaux prosélytes au parti de l'émigration. Ces jeunes et brillans écrivains ont cela de particulier que

la mission qu'ils remplissent avec zèle ne semble pas
les pénétrer d'une conviction bien profonde. Ils prennent gaiement les choses, comme gens d'esprit, et
sans regarder de trop près s'il faut écrire ou parler
pour ou contre telle doctrine ou tel homme : rouerie
aimable, souvenir légué par les derniers temps de
l'ancien régime dont elle faisait partie constitutive.
On ne peut plus agréablement badiner avec l'ultracisme; cependant leurs intentions paraissent très-sé-
rieuses à qui les lit de loin, et rien n'est plus édi-
fiant que de voir les habitans des châteaux et les
membres d'une contre-opposition passionnée, prendre
feu en méditant leurs articles.

Quand la Quotidienne s'acharnait contre la ci-devant Etoile ou Gazette de France, c'était une douleur
à fendre l'ame. « *Tu quoque !* s'écriait M. Genoude, en
lisant le journal de M. Michaud ! Il n'y a donc plus de
royalisme sur la terre ! Quoi ! c'est la Quotidienne,
celle que les libéraux qualifient tour à tour de Nonne
sanglante ou de respectable douairière du noble faubourg, c'est elle qui lève une parricide main contre
ces élus de la droite, ces ministres, en faveur desquels
l'ancienne majorité de la chambre introuvable a voté,
que MM. de Sallaberry et de Saint-Chamans soutiennent encore du poids de leur éloquence ! » La Quotidienne, d'ailleurs, n'était pas en reste avec l'Etoile.
« Misérable, s'écriait-elle, n'avez-vous pas déserté les
principes pour vous vendre à un homme? N'est-ce
pas vous, audacieuse, qui encouragez les aimables
propos du maître contre les *Pointus?* Despote, vous

essayez en vain de dominer seule, à l'exclusion de vos anciens amis ! Cessez de trahir la cause que vous prétendez soutenir. Zéiste en Espagne, vous soutenez Canning en Angleterre, Rothschild en France ; vous avouez votre fraternité avec Boyer ; vous n'êtes plus à la hauteur de la Sainte Alliance. »

A ces mots, l'Etoile, courroucée, pâlit et rougit tour à tour. « Que vont penser de nous le faubourg, le château, les provinces ! Vite appelons à notre secours nos canons du plus gros calibre. Foudroyons les audacieux par l'invective. » — « Nous dénonçons, dit alors l'Etoile, l'impie alliance de la Quotidienne et du Constitutionnel. Pour faire de l'opposition, elle a déserté l'autel du royalisme : les plus vieux amis sont divisés par ses menées ; elle met la scission dans notre camp. » — « Nous rétorquons toutes vos injures, répond la Quotidienne. » — « Ah ! continue l'Etoile tout essoufflée, peut-on le dire sans indignation? la Quotidienne (*horresco referens*) cache le ministère Pasquier. Tandis que M. Michaud forme sa contre-opposition de cour et de droite, voici venir les satellites d'une ci-devant Excellence, qui ramènent sous jeu cet ancien centre de droite, si cruellement blessé par la Quotidienne quand elle renversa M. de Richelieu. Trahison ! Trahison ! Sinon a pénétré dans les murs de Troie. »

Le fait est qu'entre les doctrines de l'Etoile et celles de la Quotidienne, il s'en fallait à peu près l'épaisseur d'un cheveu. La dernière était moins dévote, excepté quand M. Laurentie saisissait sa plume ultramontaine, sans qu'il eût besoin de déguiser sa pensée. Alors l'Etoile avait le dessous comme ultramontaine avec politique, en tant que la déclaration de 1682, qui affranchissait le pouvoir royal de l'antique censure religieuse , n'était point blessé. M. Laurentie, au contraire, soutenait avec franchise les opinions de M. de Lamennais. Mais, ce cas excepté, on voyait que l'Etoile avait des engagemens religieux bien plus prononcés que sa rivale , et que, sous ce rapport, une plus entière conviction l'animait.

Mais aussi la Quotidienne conservait davantage les apparences d'un ultracisme auquel la politique de M. de Villèle se plaisait souvent ou peut-être était obligée de faire faux bond. Ce n'est pas qu'au fond il n'y eût dans l'Etoile plus d'ultracisme réel que dans son adversaire. Mais la première de ces feuilles s'était engagée à jouer un rôle de ministérialisme; et alors la Quotidienne, se targuant de toute sa superbe, relevait sans pitié tout ce que la pauvrette laissait échapper de contradictions et d'erreurs. Ballottée comme elle était entre sa conscience et le président Boyer , entre ses préjugés et M. Canning, entre ses penchans apostoliques et M. Zéa, l'Etoile s'est tirée de cet embarras du mieux qu'elle a pu ; vu la difficulté de la circonstance , elle ne me semble même pas aussi maladroite que le prétendait sa rivale.

MM. Capefigue, Audibert, Malitourne ont souvent donné de l'éclat à la Quotidienne, par des talens variés, une assez grande souplesse d'esprit , le mouvement du style et la chaleur de la pensée. Leur journal était le

moins nettement dessiné , mais de temps à autre le plus
amusant pour celui qui aime à voir passer les masques
de ce grand carnaval du monde , frivoles et fantasti-
ques figures , apparaissant et disparaissant pour nos
menus-plaisirs.

Il y avait dans l'Aristarque quelque chose de plus
grave et de plus concentré. La colère y était plus prononcée , souvent même il se prenait d'indignation
contre la Quotidienne qui lui paraissait manquer d'une
de ces haines vigoureuses qui ébranlent la voûte des
assemblées, et qui devait renverser M. de Villèle.
Comme cette feuille , faiblement soutenue par ses propriétaires, s'est rapidement éclipsée, nous n'en parlons
quo pour mémoire. Sa disparition prouve seulement
que la partie la plus énergique de la contre-opposition
n'est pas bien déterminée à soutenir par de grands
sacrifices son rôle politique. Parvenue au pouvoir, il est
probable qu'elle perdrait la moitié de son ardeur et
désanchanterait ses partisans les plus zélés. Le cour-
sier qui s'échauffe le plus promptement , ne fournit pas
la plus longue carrière.

Quant aux journaux de l'opposition libérale , ils ne
m'occuperont pas long-temps. Là les opinions sont plus
tranchées. La rouerie du Constitutionnel est devenue
transparente. C'est la Quotidienne de gauche , sur une
échelle plus vaste. M. Etienne y jette la gaieté pi-
quante de son esprit. M. Thiers y mêle un fonds d'é-
tudes sérieuses : c'est déjà la révolution réduite en
système. Déjà ce dernier écrivain établit un point de
transition entre le Constitutionnel et le Courrier. Les

a utres feuilles libérales sont très mal disposées envers le Constitutionnel : on le traite de financier qui n'aime pas trop à se compromettre. Le pouvoir manifeste-t-il quelque volonté? le ton de ce journal baisse à l'instant. Le Courrier, au contraire, et le Journal du Commerce ne fléchissent jamais. C'est que le premier des trois journaux a beaucoup d'abonnés dont il faut satisfaire les goûts, tout en se mettant à l'abri des dangers des poursuites réitérées. Quant le Constitutionnel semblait sommeiller, n'eussiez-vous pas dit un bonhomme de Tartuffe assoupi dans son fauteuil, se renfermant dans sa fourrure d'hiver, ouvrant à peine un œil, et attendant pour le réveil la fin de la froide saison ? Les journaux moins forts en abonnés et plus courageux, se sont écriés aussitôt : « Il est vendu : c'est un faux-frère. » Il fait du villélisme libéral. » Cependant le danger perd de son imminence, et le Constitutionnel, se relevant tout à coup, manifeste un redoublement d'indépendance, jusqu'à ce que l'horizon vienne à s'obscurcir de nouveau. Mais aussi voulez-vous exiger du riche qu'il expose sa fortune au premier vent? ·

Point de rouerie ou très-peu dans le Courrier. C'est la révolution systématisée, il y a là une teinte de doctrinalisme. Le Courrier pourait être regardé comme le Journal des Débats de la gauche. M. Mignet, homme d'un remarquable talent , lui consacre quelquefois sa plume. M. Rabbe y fait briller sa facilité énergique : M. Kératry sa vieille indépendance bretonne. Cependant M. Kératry fait dissonnance au sein de ce journal. Le Constitutionnel, gallican dans ses colonnes, est voltairien dans le fait. Le Courrier est gallican à la manière du jansénisme le plus exagéré, quand M. Kératry s'y fait entendre. Les Lanjuinais, les Grégoire ne diraient pas mieux. Il est vrai qu'en l'absence de cet écrivain, le Courrier manifeste des opinions bien différentes et se dédommage pour ainsi dire. Alors il montre aux plus aveugles combien peu les questions religieuses lui tiennent à cœur. Mais ce que veulent avant tout les deux feuilles libérales, c'est une scission entière et complète entre l'église nationale et Rome. Accordez-leur ce point; l'église nationale sera persiflée à son tour.

Le Journal du Commerce ne suit pas la même route. Il y a chez lui, en dépit de son industrialisme, quelque chose de généreux ; il n'est pas plus persécuteur que le Globe. Il est vrai qu'à défaut de haine il conseille le mépris. Souvent le Journal du Commerce est rédigé avec un talent distingué. Mais sa doctrine, moins passionnée que celle du Courrier, moins assouplie aux volontés de l'intrigue que celle du Constitutionnel, est aussi plus monotone. L'industriel, en France, ne s'amuse guère aux systèmes d'industrialisme. C'est moins pour lui une théorie qu'un sujet d'orgueil.

Indépendamment de la manière dont les journaux sont écrits, abstraction faite des vérités ou des mensonges qu'ils renferment, des passions ou de la sagesse qui les animent, ce sont de puissans véhicules pour la frivolité des esprits et la publicité des actions et des affaires. En résumant ainsi leur influence, j'ai dit leur plus grand vice et leur plus grand bienfait. Tel un fleuve charrie à la fois le limon qui féconde et le sable stérile qui encombre les rivages.

On a beaucoup vanté cette communication rapide de
la lumière par la voie des feuilletons, des pamphlets,
des brochures périodiques et autres publications
semblables. Par-là tout se sait d'un bout du monde à
l'autre. Les pensées jaillissent de toutes parts et se
croisent comme les flèches. L'air s'en obscurcit; le
chaos et la discorde naissent de cette profusion de
rayons lumineux. En général les hommes ne devraient
être éclairés qu'en proportion de leur capacité intellectuelle et morale. Le reste ne produit qu'un fruit
indigeste. Cependant prenons les temps comme ils
sont. De l'excès de la frivolité naît le dégoût de la
frivolité même. Si le siècle où nous sommes est celui
du journalisme, il est aussi celui du développement le
plus vaste d'une foule de sciences. Le moment n'est
pas éloigné où la presse périodique prendra un ton
plus réservé, plus convenable à sa position réelle vis-à-
vis des grandes productions de l'esprit. En politique,
en littérature, dans les sciences et les arts, elle mo-
difiera son langage. Ces coteries qui ont pour ainsi
dire fait leur nid dans chacune des feuilles actuelles,
comme les oiseaux de proie dans de vieux manoirs,
seront forcées de baisser le ton. Une brillante médiocrité ne sera plus encouragée aux dépens du solide
mérite. Nous aurons des établissemens de haute critique qui mettront chaque chose à sa place, et feront
fleurir ainsi la vraie liberté, la réelle indépendance.

Dans l'état présent des choses, il y a oppression et
servitude dans le monde littéraire. Le journalisme est
despote. Les ouvrages vraiment dignes de fixer l'atten.

tion sont-ils appréciés dans leurs détails? Mille productions avortées n'ont-elles pas reçu de pompeuses louanges? On accueille ce qui flatte les passions. On fait son idole d'un chef de coterie. L'homme vraiment indépendant voit conspirer contre lui le dédain et le silence. Et pourquoi en effet ne pas subir les fourches caudines de la littérature? Il aurait son arc de triomphe dressé par M. A. ou M. B. Déposez un grain d'encens aux pieds de la divinité du jour, vous obtiendrez ses faveurs. Posez l'obole dans la nacelle de Caron, si vous voulez qu'il passe les morts sur l'autre rivage. Si je voulais énumérer les mesquines réputations, les faux talens qui ont grandi à l'ombre de nos coteries littéraires, que de détails piquans, que de gloires faciles à renverser. L'étranger ne s'y méprend pas, et nos beaux esprits se trouvent couverts de honte, en-deçà de nos frontières. Tel écrivain admiré pour sa profondeur et sa science, reçoit un rayon de lumière inattendu : le masque tombe; sa nudité se dévoile ; il reste avec son ignorance et son ridicule.

Le journalisme, qui fournit à la masse des jugemens tout faits en littérature et dans les arts ou les sciences, entasse aussi dans les esprits les décisions de la frivole politique. Ce qu'il offre presque toujours, ce sont des questions mutilées et décidées avec une tranchante légèreté; le dénigrement de l'esprit de parti; peu d'objets considérés sous leurs points de vue différens ; une seule portion des objets en litige examinée d'une manière plus saillante que vraie, et taillée pour ainsi dire à facettes, tandis que le reste n'est ni approfondi

ni même indiqué. Les lumières, dit-on, se communi-
quent par cette voie : oui, sans doute, c'est le véhicule
des nouveautés, du mensonge, du bavardage avant
tout. La fabrique étant dans un mouvement journalier,
le métier remplace le génie. Tel journal pourrait être
excellent en littérature et en politique; avec quelques
études de plus, et l'esprit de coterie de moins, les
rédacteurs auraient tout ce qu'il faut pour éclairer le
public. Pourquoi ce journal fait-il le contraire? son
intérêt l'exige.

Tout cela est irrécusable, et je trouve même que
les adversaires du journalisme n'ont pas suffisamment
insisté sur ces argumens. Les désavantages sont énormes ; l'avantage qui leur sert de compensation est
plus immense encore. Caché dans l'excès du mal
même, il y dort comme un trésor voilé ; nul pouvoir n'a pu le toucher de sa baguette magique et lui
demander ses résultats. C'est la *publicité !*

La publicité! On ne sait point assez ce que c'est : on
n'en sait pas la force ! Si l'on avait la conviction de la
puissance qui lui appartient, elle deviendrait la compagne obligée, non plus du mensonge, mais de la
vérité; non plus de fausses lumières, mais de la lumière
réelle ; non plus de la frivolité d'esprit, mais de la profondeur. Dans la situation actuelle de la société, les
feuilles françaises ne contiennent pas même l'ombre de
vraie publicité. Le monopole des journaux est devenu
privilège pour les coteries. Là se cachent des combinaisons politiques et littéraires, haineuses, odieuses, mesquines, puériles. Attaquez franchement ce privilège,

faites cesser ce monopole : que le gouvernement en ait la volonté éclairée ; bientôt le désordre cessera.

Ce que j'invoque , ce n'est pas la licence contre la licence , mais le droit commun contre le privilège. Le droit commun , ce sont les conditions de fortune exigibles de quiconque veut ériger une tribune dans un journal politique. Le privilège , c'est l'autorisation du gouvernement , autorisation en vertu de laquelle les journaux actuels forment une redoutable phalange, une oligarchie puissante , unie dans tous ses intérêts et en flagrant délit de conspiration permanente contre les intérêts adverses.

Avez-vous le malheur de déplaire aux combinaisons diverses des plus contraires factions ? Etes-vous un homme franc , indépendant , loyal ? Les journaux de toutes les nuances garderont un silence obstiné sur votre compte ; peut-être serez-vous diffamé par les petites feuilles littéraires, basses succursales de l'iniquité des grands , petits égouts où on laisse s'écouler le trop plein des eaux immondes. Quelle est donc la publicité aujourd'hui , si tous ses organes sont muets pour vous ? C'est cet état de choses que l'on a le cœur d'appeler *Liberté de la Presse.*

Autre oppression. Vous professez , je suppose , telle opinion dont la nuance semble se rapprocher dans quelques points de vue de celle du Journal des Débats. Cette feuille a soin de vous accueillir sous cet unique rapport, et cache vos autres pensées qui vous séparent d'avec elle. Aussitôt les feuilles contraires font chorus, et vous attribuent gratuitement telle ou telle dénomination de secte et de parti. Il n'en est rien ; mais comment obtenir justice ? Cet état de choses blesse tout sentiment d'équité.

On n'obtiendra la publicité qu'en brisant d'abord ce faisceau oligarchique qui constitue la haute puissance des journaux ; ensuite en cessant de les considérer comme des corporations uniques. Il ne faut y voir qu'une aggrégation d'opinions individuelles. Qu'un journal soit animé d'un esprit spécial, d'une ame dirigeante ; cela le regarde, mais aux yeux de la loi, il ne se compose que d'individualités. Tel ou tel rédacteur a écrit cet article ; qu'il soit responsable. On ne doit frapper le journal, comme journal, qu'en cas de faux seulement, ou si le rédacteur est insolvable, en état de fuite, et manque de quelque manière à la garantie exigée par la loi. Hors de là, le journal n'est point une association qui doive faire corps aux yeux des tribunaux. Ce qu'il faudrait avant tout, ce serait que la situation politique et sociale des hommes qui attaquent celle d'autres hommes fût mise à nu, que cet intolérable voile de l'anonyme fût à jamais déchiré. Le gouvernement, l'individu attaqué, l'homme ou le parti cité par un journal à la barre du public ne doivent point avoir à se défendre contre un être de raison, mais contre une personne réelle, vivante, palpable. Que l'attaque et la défense soient de niveau. Si les journalistes érigent un tribunal de publicité où ils font comparaître le monde ; que cette publicité existe contre eux comme pour eux.

Avec ce correctif de la loi, et quand même la loi

resterait muette , avec ce correctif puisé 'dans les lois du simple bon sens et de la justice , tous les maux de la presse seraient bientôt réparés : elle deviendrait utile , nécessaire, compagne de la vérité , non du mensonge. Que les journalistes examinent donc le gouvernement , analysent les actes des fonctionnaires , apprécient et les classes et les individus dans leurs erreurs, dans leurs défauts. Mais qu'aussi le journaliste soit soumis à un contrôle; qu'on ne laisse dans l'ombre ni sa personne , ni les motifs de ses actes et de ses pensées. Que le public sache si ce journaliste a toujours dit vrai dans toutes les circonstances et dans tous les lieux ; si l'indépendant d'aujourd'hui n'est pas le servile d'hier , ne sera pas le servile du lendemain: si des motifs d'amour-propre, de colère, de vengeance, ou des motifs plus vils encore, n'influent pas sur ses déterminations ; si le changement de ses doctrines fut le résultat du changement naturel de ses idées (quel est l'homme en effet, dont l'expérience et les nécessités ne modifieraient pas la politique?) : ou bien si ce changement résulte d'une intrigue , naît de quelque désappointement. Sans doute la vie privée doit être murée , comme M. Royer-Collard l'a dit si éloquemment. Mais que la vie publique soit publique : elle ne se trouve pas seulement dans des démonstrations ostensibles , mais dans les mobiles des actions mêmes. Chaque jour on se vante, dans les colonnes des feuilles publiques , d'aller au fond des choses. Ils veulent lever tous les masques. Mais qu'il soit aussi permis de lever les leurs et de les voir face à face.

Il est assez singulier qu'une publicité de ce genre n'ait tenté le courage d'aucun ministère ; elle eût été dans ses intérêts bien entendus. C'est que derrière le ministère Decazes se cachait la faction des Bonapartistes du centre de la gauche ministérielle, devenus royalistes du centre de la même gauche : derrière le ministère Richelieu, se cachait une faction royaliste du centre de la gauche ministérielle , devenue royaliste du centre de la droite ministérielle. Derrière le ministère Villèle, se cache une autre faction de congréganistes politiques, villélistes en attendant mieux. Or, les premiers de ces hommes, par habitude bonapartiste ; les seconds , par poltronnerie ministérielle ; les troisièmes, par sottise monarchique et religieuse, ne connaissaient rien de plus fatal au monde que la vraie publicité, qui tue la médiocrité, étouffe la mauvaise foi, renverse l'intrigue. Tous , ils ont préféré une licence momentanée, pour obtenir une censure définitive. Aujourd'hui rien de tel. On voit s'avancer sur la scène des affaires de nouveaux hommes, affranchis de plus en plus des récriminations du passé ; le journalisme , parvenu à son apogée , baissera par la force des choses : et il ne sera plus question d'une censure qui nous présage une nouvelle licence.

Après les fauteurs de la censure, et tous les fonctionnaires publics, compromis dans le dédale de trente ans d'action et de réaction politiques , les plus grands ennemis de la publicité, ce sont les journalistes. Forts de personnalités et d'injures , ils crieraient bien haut sans doute, si l'on venait les attacher à leur tour au pilori de l'opinion publique, si l'on faisait connaître au public les objets de ses admirations. Renversons le trépied de la Sibylle; que la honte de l'oracle soit dévoilée, sa voix mensongère ne trouvera plus d'auditeurs.

Ce n'est pas la liberté que vous défendez ; car vous ne discutez pas avec votre adversaire, vous n'écoutez pas les raisons qu'il apporte. Persécuter, injurier, écraser, sont vos argumens. Est-ce là le genre de publicité qui nous convient? C'est porter dans la liberté de la presse le système de Marat, l'oppression sous le nom d'indépendance. Dès qu'il y aura publicité réelle, telle que je l'ai définie, vous serez d'abord personnellement responsables de vos actions et de vos écrits : ce qui vous forcera à la décence ; vous serez soumis à un scrupuleux examen de vos pensées et de vos écrits, on vous forcera à la discussion ; jusqu'ici vous avez parlé seuls, et Dieu sait comme.

Etablissez la censure. Avec elle viennent la paresse, la sottise, tous les abus auxquels la clandestinité sert de sauve-garde. Admettez la licence ; elle ouvre la porte au déshonneur, à la déloyauté, à l'imposture. La liberté, au contraire, produit la vérité; la publicité fait mourir à la fois censure et licence.

La profession de journaliste en elle-même est, comme celle d'avocat, noble, élevée, patriotique. De plus elle est devenue nécessaire. Elle tient aux mœurs publiques, au caractère de ce gouvernement, qui sans une grande liberté de la presse pencherait vers la corrup

tion. Qu'au lieu de rabaisser cette profession , le gouvernement l'élève par le moyen que je viens d'indiquer.
S'il fallait absolument composer un comité de la presse,
que les journalistes eux-mêmes le composent , comme
les notaires ou les avocats ont leurs chambres respec-
tives. Mais qu'on nous arrache surtout par des moyens
de discipline , par l'abolition du privilège , par le plus
grand développement possible donné à la publicité ,
à ce honteux état de désordre qui nous dévore. Le
pays y perdrait sa dignité , le gouvernement sa
force.

Au lieu d'ennoblir la profession de journaliste ,
le ministère Villèle n'a songé qu'à la rabaisser ; et
sous ce rapport il a été l'une des causes déterminantes
de ses désordres. D'abord (et c'est ce que nous ne
prétendons nullement blâmer) , il s'est éloigné de tous
ces faiseurs périodiques , salariés du gouvernement,
et tour-à-tour panégyristes vendus ou satiriques qui
veulent se vendre. Il a voulu par un essai louable se
décrasser (si je puis le dire) de tout ce fatras de
basse littérature , détestable vermine qui rongeait et
couvrait l'arbre de la science, abri commode où elle
pullulait à son aise et dont elle dévorait les racines les
plus profondes et la cime la plus haute. Méprisons
ce qui est petit, misérable , médiocre en soi-même ;
que ce dédain ne résulte pas d'une ignorance brutale
et farouche, mais de la hauteur des vues et de la capacité même. C'est une première faute notable au ministère Villèle d'avoir déversé son dédain sur la littérature en masse, et de s'être efforcé de faire peser

sur elle de toute manière le poids de sa mauvaise humeur.

En pareilles matières, il faut tout ou rien. Si un gouvernement a la conviction intime que de grands abus ont résulté d'une distribution large et presque aveugle des générosités royales et ministérielles ; s'il est intimement persuadé que pour parer à ces abus il faut couper le mal à sa racine, en mettant de côté la considération des existences acquises et que sa détermination tendrait à bouleverser : qu'il sache aussi calculer d'avance toute la portée de sa réforme. Au temps où nous sommes, il y aurait trop d'innocence de la part du pouvoir à braver la révolte et la furie des intérêts blessés sans s'être préparé à repousser l'attaque. Mais voulez-vous exercer une justice sévère, remplir un rigoureux devoir ? alors ne tenez aucun compte des circonstances atténuantes d'une grande rigueur. Il ne s'agit plus d'être généreux. Ce serait niaiserie. Assailli de toutes parts, le gouvernement avait droit de publier la liste des gens de lettres pensionnés naguère, maintenant privés de ses pensions. Il fallait s'expliquer sans détour sur le mérite de ces journalistes, sur la cause de leur faveur passée, de leur défaveur présente ; scruter leurs travaux littéraires, leur carrière publique, enfin rendre compte aux Chambres d'une grande mesure qui, sans l'exposition des faits, livrait le ministère à la vengeance des partis. Alarmées, tremblantes sous le grand jour qui les eût frappées, la médiocrité, la bassesse, la cupidité, se fussent tenues en silence, et une profonde impression morale eût résulté de la mesure même. On eût vu que pour mériter une haute distinction, il ne s'agissait ni des ressources du bel-esprit, ni des impostures de coterie, ni de l'audace fac-tieuse, mais de travaux réellement honorables et vraiment utiles au pays.

Rien de cela. On a vu surgir tout à coup et s'opposer au gouvernement mille indépendances improvisées. Tel ex-censeur s'est trouvé en courage : tel autre, préposé long-temps à la douane de l'opinion publique, en est devenu le libre champion. Celui dont on soldait le silence a parlé. Celui dont on payait les paroles, a enflé ses poumons de tribun pour vomir l'injure. Que sais-je? En ce genre tous les scandales dont la publicité eût fait justice, ont éclaté dans le chaos de la licence, sous l'arbitraire de la censure.

Il fallait répondre à ce grand débordement. Le ministère en voulant échapper à Charybde est tombé dans Sylla. Il eut recours à de nouvelles distributions de faveurs et démoralisa ainsi son propre ouvrage. Il fit une conscription de médiocrités; il voulut des créatures nouvelles. Dans la mêlée on ne distingua plus la pensée et le talent, mais les hommes de parti et ceux des combinaisons ministérielles.

Bientôt le gouvernement, malgré l'appui des feuilles du ministère, acquit la malheureuse conviction qu'attaqué et défendu par l'anonyme la partie n'était pas égale. D'ailleurs le masque de plusieurs d'entre ses anonymes ne tarda pas à tomber. On les nommait tout haut. Leurs noms s'imprimaient en gros caractères. On se moquait de leur incognito; il était pour ainsi dire à jour. On brisait entre leurs mains leurs faibles armes, qu'on leur jetait au nez en éclatant de rire. Comme on ne voyait briller dans leurs rangs aucune haute réputation politique et littéraire, ces enfans perdus des coteries, ramassés par la bienveillance du pouvoir, n'avaient pas même la triste ressource des représailles. C'étaient eux qui criaient le plus fort à la personnalité. Ils ne savaient point ce que c'est que jouer *cartes sur table*. Qui les nommait, disaient-ils, les vouait au poignard. Leur intrépidité ministérielle avait besoin d'un incognito rigide; connus, ils n'étaient plus bons à rien. Aussi quand tout le monde les démasquait à plaisir, n'osaient-ils démasquer personne.

Alors, pour la première fois, le ministère sentit que le journalisme est une puissance. Engagé contre la censure, parvenu au pouvoir sous la condition expresse de son abolition, sachant d'ailleurs que la censure tournerait moins au profit de son gouvernement qu'à celui de la congrégation, toujours prête à déplacer et remplacer M. de Villèle : le ministère se laissa choir entre les bras d'un homme dont le zèle est pur, dont l'ame est bienfaisante, mais dont la chaleur pour la bonne cause ne calcule pas assez la force des résistances. M. le vicomte de La Rochefoucauld se présente. Une acclamation universelle va saluer le règne nouveau. Libéraux, ministériels et contre-opposans, tous devaient fraterniser à l'aurore de l'avénement de Charles X. Il ne fallait plus former qu'une seule famille de Français, sans divisions, sans haines de partis. C'eût été le jubilé, que de voir se donner la main Constitutionnel et Drapeau Blanc, Etoile et Quotidienne, Débats et Gazette de France, Courrier et Journal des Maires; c'était une farandole universelle et le plus gai spectacle du monde.

Le moyen pour atteindre ce but était également puisé dans la bonté d'ame, la loyauté de cœur, la sensibilité de celui qui l'avait conçu. Les gens de lettres étaient mécontens de s'être vus décimer avec barbarie, il fallait les contenter et leur accorder, au nom de Charles X, de grosses épices. Ainsi se trama cette œuvre de l'achat des journaux, sur laquelle tant d'écrivains se sont récriés avec une plaisante indépendance, et qui a fait bénir à tant d'autres la main qui faisait couler à pleins bords le Pactole sur le Parnasse.

Il est très aisé de comprendre pourquoi devaient tomber les espérances de M. de La Rochefoucault, sans avoir de résultat. Son système était de conquérir les journaux pour le roi, non pour le ministère. S'ils eussent été ministériels, ce n'eût été que comme journaux de la couronne. Le ministère n'eût joui que de leur usufruit, non de leur propriété. M. de Villèle, faute de prévoir les résultats, a d'abord laissé faire. Le ministère de l'intérieur a même pris quelque temps fait et cause jusqu'à certain point pour le plan de M. de La Rochefoucault, comme l'a prouvé l'affaire de la Quotidienne. Il espérait en tirer profit. Mais l'entreprise échoue. C'est à qui la désavouera dans son ensemble. A la tribune, hors de la tribune, M. de Villèle est le premier à la blâmer hautement. Sans doute, il n'était pas l'ame, le moteur réel de cette combinaison ; mais si elle eût réussi, bien certainement il en eût profité à sa manière. La gaucherie de l'exécution jeta sur l'entreprise une teinte de ridicule que les adversaires des ministres rendirent odieux, sans examiner bien scrupuleusement la réalité des faits. Quelle allégresse de battre encore une fois M. de Villèle sur le dos d'un grand seigneur ! Le président du conseil, une fois bien persuadé de cet état des choses, n'oublia rien pour détruire une affaire stérile pour son utilité propre : il y parvint comme nous allons le voir.

Si les journalistes comptent dans leurs rangs servilités de la veille changées en indépendances du lendemain il se trouve aussi parmi eux des talens distingués, souvent de très jeunes gens, dont la vie est sans antécédens fâcheux, que le tourbillon des coteries peut entraîner, mais qui n'ont pas, comme tous ces Frontins à livrées changeantes, donné le scandaleux spectacle de leur domesticité mobile. Ce fut à cette masse qu'une bonhomie vraiment trop naïve s'adressa sans distinction. Faites encore du libéralisme, insinua-t-on doucement à telle feuille ; ne cessez pas d'être contre-opposans, dit-on aux rédacteurs d'un autre journal : mais faites en sorte que libéralisme et contre-opposition perdent leur danger et rentrent insensiblement dans le cercle orthodoxe, dans le giron d'un royalisme exalté, dégénéré en ministérialisme. Les partis se sont récriés : au machiavélisme ! à la corruption ! En effet, cela en avait l'air. Mais sous cette apparence trompeuse, c'était dans la réalité une candeur louable qui faisait les frais de la prétendue perfidie ; malheureusement cette candeur, l'avidité l'exploitait : de bonnes pensions, de bonnes places, de lucratifs bénéfices furent recueillis par l'avide habile. Cette finesse mêlée de bonhomie qui avait médité l'achat des journaux, n'a eu pour fruit qu'un triste gaspillage et de nombreux désordres. La bienfaisance a tourné au profit de la vénalité.

Alors la foule des écrivains ministériels, faisant chorus avec les congréganistes, demanda la censure à grands cris. On eût dit que la censure allait être arrachée au gouvernement, si le gouvernement ne la donnait pas. Long-temps ce dernier recula devant la censure. Le souvenir de celle de M. Franchet lui était présente ; il en savait la portée et craignait que tout en nuisant à l'opposition elle ne contrariât le ministère. On créa la loi Peyronnet pour éluder la censure, tout en étouffant le journalisme. Loi sans grandeur, pleine de chicanes, de réticences, qui cherchait à établir entre la censure, la publicité, la licence, un centre ministériel. D'ailleurs, en fortifiant les quatre ou cinq feuilles qui auraient pu survivre à cette tentative, elle en faisait de formidables oligarchies et aggravait ainsi ce qu'il y a de plus abusif dans le journalisme. Croyait-on que le libéralisme eût laissé succomber un seul de ses organes ; non, il eût ouvert ses coffres et versé ses trésors. Le royalisme seul eût tout perdu, parce que le royalisme des journaux ne constitue pas une force publique. On a vu l'Aristarque s'évanouir. La Quotidienne l'eût suivi dans la nuit du tombeau, si la loi Peyronnet se fût réalisée. L'Etoile, en dépit de toutes les faveurs ministérielles et de leurs puissans secours, eût été aisément foudroyée par le Constitutionnel, le Journal des Débats, le Courrier, devenus tout-puissans.

Le gouvernement, convaincu non-seulement de l'inutilité, mais du danger des feuilles de M. de La Rochefoucault, ne pensa plus qu'à les détruire : ce fut un des résultats que la loi Peyronnet devait atteindre. Le seul dépôt privilégié des volontés du ministère, ce fut l'Etoile, où cependant M. Genoude avait le privilège du franc-parler. Le Moniteur devint bientôt un nouveau monument de la sagesse ministérielle. Là se réfugièrent les débris du Journal de Paris, englobés par le Mammouth des feuilles quotidiennes. Les fragmens de la Gazette de France cherchèrent place dans les rangs de l'Etoile. On vit le Moniteur s'adresser d'un côté, l'Etoile pérorer de l'autre; le matin le gouvernement tendait la main gauche aux uns, le soir la main droite aux autres. Le système de bascule de M. Decazes fut rétabli sans que le gouvernement s'en doutât; mais, il est vrai, sous d'autres proportions, avec des combinaisons diverses.

Quand la chute de la loi Peyronnet amena la censure, on vit le Moniteur s'éprendre d'une belle passion d'indépendance. Ce fut un plaisant accès. M. Lingay fit ses prouesses; M. Benaben, jetant le gant au Journal des Débats, le somma d'en venir à une discussion loyale, franche, libre surtout. La Quotidienne et le Constitutionnel entrèrent sans malice dans les simagrées de cette discussion, aux grandes huées des journaux mieux avisés, qui ne voulaient pas avoir l'air de rester libres sous les fers de la censure.

Quelques puérilités énigmatiques ne se cachent-elles pas sous ces débats ? N'y avait-il point rivalité entre le Moniteur et la Gazette de France ? La censure ne s'est-elle pas moquée du Moniteur et de son bel accès de franchise ? Le Moniteur n'était-il pas imposé à la censure, à laquelle il déplaisait ? Je n'ai pas le temps d'aborder ces graves riens. Que ce logogryphe amuse et tourmente ceux qui se plairont à le débrouiller.

Qu'il me soit permis d'ajouter un mot au sujet du Drapeau Blanc. Engagé dans la rédaction de cette feuille sous l'administration de M. de Lamennais, j'y ai contribué, sans jamais prendre part à la polémique des passions. Quand elle fut acquise à la maison du Roi, je n'ai cessé d'y garder une position indépendante. Sur la plainte que je portai de quelques violations commises contre l'entière franchise de mes opinions, entière justice me fut rendue par l'homme d'honneur que M. de La Rochefoucault avait chargé de la direction morale et pécuniaire de cette feuille. Comme je n'avais été pour rien dans l'anti-ministérialisme du Drapeau Blanc libre, je ne fus pour rien dans le ministérialisme du Drapeau Blanc acheté. Cependant je ne pouvais m'arranger plus long-temps d'une politique incertaine. Il me fallait des élémens qui fussent en harmonie avec mon sentiment intime. La bienveillance de M. le ministre des affaires étran-

gères me fit concéder l'absolue direction de ce journal. Je me proposais de tenter l'expérience d'une
haute, franche, absolue publicité. Dès le début je
trouvai des obstacles là où j'espérais , où je devais
trouver des appuis.

Il est un aveu triste , un aveu honteux. Dans le parti
royaliste , rien ne se fait par masse vivante d'esprit
public. C'est un continuel tripotage renfermé dans les
intérêts étroits des coteries. A peine mon nom fut-il
signalé , la congrégation prit l'alarme. C'était un
homme *dangereux* , selon les hommes de la police ,
de la bureaucratie, des coteries politiques et religieuses;
c'était un homme dangereux que celui qui , réclamant
la liberté pour tous , même pour les jésuites , recevait
des libéraux les noms d'*Ultramontain* décidé, de *Pa-
piste* incorrigible. Si la révolution eût payé ces gens ,
ils n'eussent pas mieux fait. Quand la cabale qui conspirait la censure et qui voulait rebâtir la monarchie ,
la religion sainte, sur les égouts de la police ; quand
cette cabale vouait sa haine à un homme de courage ,
pour la franchise et la droiture de ses idées, elle
faisait là sans doute un grand effort de piété et de
vertu !

Il s'agissait d'une mesure grande et décisive. Le
ministère en eut peur. L'intrigue dépouilla le Drapeau
Blanc des nouvelles , au profit de l'Etoile du soir. Le
Drapeau fut mis au rebut des ministères , et spécialement frappé de la malveillance des bureaux de l'intérieur. « *Vous faites de l'opposition* », me disait-on
parce que je n'adulais pas ! Ensuite , après avoir eu

soin de me lier les mains, on adressait aux plus élevés des pouvoirs d'énergiques plaintes : « J'avais certes beaucoup d'indépendance; on m'avait tout permis ; et je n'avançais pas ! Je pouvais bien choisir mes collaborateurs et organiser mes bureaux.» Paroles vaines ! On m'avait refusé tous les encouragemens nécessaires à une entreprise qui se compose de deux parties dis-tinctes, mais nécessaires : la partie matérielle et la partie morale.

Je marchais donc seul; réduit à mes propres res-sources, nullement découragé. A cette époque, M. le comte de Montlosier me fit l'honneur de me confier le Mémoire qu'il a publié depuis, et qu'il se proposait d'insérer par fragmens successifs dans le Drapeau blanc. J'y consentis, non que mes vues fussent celles de l'auteur: mais parce que je savais que rien ne pourrait l'empêcher de lancer cette bombe dans le monde politique. J'en avais calculé tous les effets d'avance. Quand la société, me disais-je, est dévorée d'une plaie secrète, il vaut mieux que le mal éclate que de se tourner en mau-vais sang, et de ronger d'une lente et incurable gan-grène tout le corps social. Il y a deux parties dis-tinctes dans l'ouvrage de M. de Montlosier; l'une con-sacrée à l'examen de la conduite du clergé, l'autre aux remèdes que l'auteur croit devoir y apporter. Il faut distinguer, dans la première partie, le vrai du faux et y appliquer une critique sévère et juste : quoi que puissent en dire l'Aristarque, la Quotidienne et l'Etoile, il n'est pas de vérité qui ne soit bonne à dire. Quant aux remèdes de M. de Montlosier, ils sont pires que le mal : c'est, d'un côté, l'oppression religieuse du clergé catholique, auquel on imposerait une Eglise nationale sous l'inspection et l'autorité de l'administration civile, politique et judiciaire. C'est la violation, ou plutôt l'anéantissement d'un article important de la Charte.

Les événemens ont parlé. Certes, si M. de Montlosier eût fait paraître son Mémoire dans le Drapeau Blanc, s'il m'eût été permis d'éclairer le champ de la discussion de toutes les lumières d'une investigation scrupuleuse, il y aurait eu d'abord scandale. Mais le fonds des choses se fût découvert, mais j'eusse pu hardiment porter le scalpel dans les entrailles de la question ; déclamations libérales, déclamations de l'Etoile fussent tombées d'elles-mêmes ; on eût scruté de grands intérêts dans leurs derniers replis ; le gouvernement fût demeuré maître de la discussion ; enfin les écarts du clergé eussent été réprimés. Il eût bien fallu que le zèle de la congrégation suivît enfin une direction pieuse et sainte. Sans réaction religieuse, la publicité eût maintenu un grand principe de tolérance universelle et l'opinion publique n'eût pas adopté de dangereux erremens. Telle était la voie assurée et large que j'avais tracée d'avance. J'en avais combiné toutes les chances. Mais une audace si téméraire effraya nos faiseurs religieux et politiques ; et la censure fut l'objet de leurs vœux et de leur conjuration.

La discussion de la loi Peyronnet a été ma dernière lutte contre la congrégation. Là se termina le Drapeau

Blanc. On ménagea mon amour-propre, parce que mon honneur méritait d'être respecté, demandait à l'être. Toujours est-il vrai que dans une certaine sphère, on préféra aux avis désintéressés d'un homme dont la conscience seule dicte les conseils et qui livre son zèle, ses veilles, ses études, à la cause qu'il croit vraie; on leur préféra, dis-je, les éloges intéressés de quelques ignorans.

La censure Lourdoueix essaya vainement de communiquer aux journaux asservis quelques allures d'indépendance. Moins franche que la censure Franchet, elle subit de la part des passions une réaction beaucoup plus violente. On vit alors éclater une preuve manifeste du bon sens qui réside dans la force des choses. Une société s'était formée sous les auspices de grands personnages. Son but était de neutraliser l'effet de cette censure par des pamphlets distribués gratis à Paris et dans les provinces. M. de Chateaubriand lui-même entre dans la lice. Bientôt emporté par le sentiment de sa dignité personnelle, qui ne saurait long-temps rester endormie dans un esprit si vigoureux, il se hâta d'abandonner cette lutte de tous les jours contre de mesquines tracasseries : il laissa le champ libre à des preux moins célèbres, qui n'avaient pas un aussi grand nom à compromettre. Tous les amis de la véritable gloire de cet homme d'état y applaudirent : car M. de Chateaubriand trouve aisément des amis dans tous les cœurs généreux, comme il trouve des admirateurs dans tous les rangs de la société, quand replié sur lui-même il agit avec la conscience complète de sa force, et ne se contente pas de dépenser son génie dans la petite monnaie d'une popularité factice.

Ce qui brisa les entraves de la censure et ouvrit les portes à la licence, ce fut une grande mesure de M. de Villèle, mesure pleine de témérité, à la fois poursuivie des applaudissemens et des sifflets de ses ennemis, qui le disaient se suicider : le renouvellement de la chambre des Députés. M. de Villèle plia sous le poids des fautes de son ministère. La dissolution de la chambre ne pouvait se différer. Deux ans de plus ; et la France eût envoyé au gouvernement une majorité composée de défenseurs prononcés des idées révolutionnaires. A quoi bon tant de menées? A repousser des élections de 1823 jusqu'à l'ombre d'une représentation libérale. Maîtres du terrain, les royalistes se sont acharnés à poursuivre leurs querelles particulières. Issu d'une coterie, en éliminant tout ce qui ne se donnait pas à lui sans condition, le président du conseil s'est fait coterie lui-même, et au lieu de dominer les élémens en tumulte, les voyant assoupis, il s'est cru fort de leur silence. Mais Eole seul enchaînait les vents et les orages. Neptune, roi des mers, frappe du trident, et tout se tait; l'outre prison des tempêtes est une arme moins sûre et plus difficile à mettre en œuvre.

Les journaux ont renversé M. de Villèle : lui-même en a fait l'aveu ; les journalistes l'ont dit eux-mêmes avec une fanfaronnade naïve. A la tête de ces défaiseurs de ministres se trouvent les rédacteurs du Journal des Débats et de la Quotidienne ; après eux les rédacteurs du Courrier et du Constitutionnel ont été et sont encore momentanément les maîtres de la France. Ils créent et détruisent les Excellences, comme Warwick faisait et défaisait des rois. « Le président du conseil veut la » guerre. Nous lui ferons la guerre. Il veut abattre les » journaux ! Les journaux l'abattront. » Voilà ce que les spectateurs ont entendu sortir de leur bouche, non sans beaucoup d'étonnement. Ce n'était plus au nom d'une opinion alimentée du feu des injures que l'on parlait alors : c'était bien en son propre et privé nom que l'on faisait ainsi blanc de son épée et que l'on soutenait le combat.

Dans tout état de choses violent il y a action et réaction. Le journalisme ne peut manquer de s'éclipser devant une Chambre nouvelle, en général assez peu disposée, suivant toute probabilité, à se laisser ravir par les feuilles quotidiennes une puissance dont elle saura faire un emploi plus positif. Elle n'aura pas besoin pour cela de censure, ni même d'une législation spéciale. Abolition du monopole, publicité obligée de la part des rédacteurs des feuilles publiques ; voilà les bases simples de la réforme nécessaire. Que les rédacteurs soient personnellement responsables ; que la responsabilité ne pèse jamais sur un éditeur, sur un propriétaire mis en cause. Que les propriétaires soient seulement garans en cas d'insolvabilité du rédacteur incriminé. Que l'écrivain couvert d'un faux nom soit flétri. Qu'à cet égard encore le propriétaire réponde de sa véracité. Ainsi se trouveront garantis la force, la dignité, le repos de la France si le gouvernement lui-même introduit dans les actions et les débats la publicité la plus décidée, force toutes les discussions à parvenir à leur dernier terme et toutes les arrière-pensées à se mettre à nu. Chacun rentrera dans sa sphère d'activité propre ; personne ne mettra plus le pied sur un domaine étranger.

Encore une fois, c'est de la liberté que je veux l'exercice ; je la veux grande, mais je la veux réelle : ce n'est pas ce mensonge des partis, ce monopole qui au lieu de la vérité nous donne l'imposture, nous use par le sophisme. Entendre la liberté de la presse dans un sens de licence, c'est pour un homme public la niaiserie la plus coupable ; pour un homme privé la niaiserie la plus complète. Cependant des gens d'esprit se sont montés la tête en faveur de cette niaiserie. Partisans de la censure aux premiers jours de la restauration, ils ont la bonhomie de croire qu'en 1828 la licence nous ramènera la liberté. Attendons-les à l'exercice du pouvoir, si jamais il leur tombait en partage.

Qu'on n'aille pas croire que je méconnaisse la haute importance de la presse périodique. Le ministère Villèle a tenté de la flétrir ; c'était de sa part une grave erreur. Qui empêche le gouvernement d'encourager les talens politiques à faire des journaux une espèce de stage pour les hommes d'état ? Ce serait la première arène où se formerait une pépinière de jeunes auditeurs ou d'aspirans tant au conseil-d'état qu'aux autres fonctions publiques. Ils y déploieraient avec une entière liberté les forces naissantes de leur esprit. En enlevant aux journaux les talens formés, sans leur

17

demander compte de leurs opinions avec cette in-
quiétude qui signale les égaremens de l'esprit de
parti , le gouvernement les obligerait à se vouer aux
fortes études. Ce dont un ministère a besoin pour
recruter des fonctionnaires, ce n'est pas le beau parler
de l'académie , mais la sagacité en politique , le savoir
de l'administrateur. C'est ainsi qu'il en a été chez les
Anglais, peuple éminemment fier de sa dignité, fécond
en journaux , et qui ne s'est jamais laissé envahir par
le journalisme.

CHAPITRE XII.

Résumé sur le dernier ministère.

Nous venons de parcourir avec courage une carrière pénible et vaste. Nous avons osé dire ce qui nous semblait la vérité, à tous risques, sans craindre de heurter les préjugés et les opinions. Quiconque n'a point ce courage nous paraît peu digne d'émettre son avis sur les questions d'ordre public.

En laissant de côté tout ce qui appartient à l'homme, tout ce qui ressort de sa faiblesse, toutes ces récriminations du gouvernement contre les partis et des partis contre le gouvernement ; nous ne trouvons que deux motifs d'accusation sérieuse contre le défunt pouvoir. Est-il vrai, comme l'ont prétendu ses ennemis, que pour accomplir ses volontés il ait fouillé dans les archives de l'arbitraire, et exhumé toute loi de l'ancien régime, de la révolution, de l'empire, qui pût lui servir d'instrument légal ? En un mot, a-t-il mésusé des lois, dont on peut mésuser comme de tout le reste ? Est-il vrai ensuite qu'il ait établi de longs conflits entre la justice et l'administration, dans le but d'empêcher l'application de la loi tout entière,

quand cette dernière n'entrait pas dans les convenances du pouvoir? Ces deux graves questions nous
ramèneraient à un examen approfondi et spécial des
deux départemens de l'intérieur et de la justice. Mais
dans un pays où depuis trente-huit ans tout le monde
s'est vu jeter bien loin des voies de la règle commune, où il y a excuse aux yeux de l'équité pour toutes
les faiblesses, où l'on ne peut aborder une ère nouvelle de prospérité que par une réelle et générale am-
nistie; dans ce pays, dis-je, quelle voix osera se porter
accusatrice ?

Coupable de grands désordres, la librairie a été
traitée durement par M. Franchet. M. Lourdoueix l'a
livrée à tout l'arbitraire des interprétations administratives. Elle n'a trouvé ni un encouragement dans
l'érudition de M. de Corbière, ni un appui chez M. de
Peyronnet. Mais avec les antécédens bons ou mauvais de M. Franchet, on ne saurait lui imputer à crime
d'avoir frémi à la pensée d'une reproduction infinie
des œuvres de l'impiété. Il n'a point dépassé l'horizon
borné de ses souvenirs. Il n'a point apprécié l'époque,
ni su comment on pouvait la combattre ou la corriger.
Il a donné tête baissée dans une réaction aveugle et
sourde. Une conviction de galant homme est le seul
asile où il puisse se réfugier. Que la paix soit avec son
souvenir.

J'avoue que la librairie française est fort en-deçà de
ce qu'elle devrait être. Aux premiers jours de la dé-
couverte de l'imprimerie, on vit des savans pleins d'enthousiasme s'emparer en Italie, en France, en Hollande,

de ce puissant véhicule de la pensée. A côté de la gloire
due aux grands écrivains s'éleva la gloire des libraires. Aujourd'hui l'imprimerie allemande, grace à la probité, aux lumières d'un Perthes, à l'immense activité
d'un Cotta, aux règles qui tendent à s'établir chaque jour
de plus en plus dans quelques associations de libraires,
marche à grands pas vers un état de choses digne de
l'importance de l'art qui communique à tous les hommes les lumières des plus grands esprits. On repousse
chaque jour davantage l'esprit de faction, de coterie,
le bavardage politique des salons et des cafés, surtout
l'immoralité, l'irréligion : la foule même n'en veut
pas. Là, les efforts éclairés des libraires mettent de
plus en plus en honneur la science réelle, les entre-
prises vraiment utiles à l'humanité. La France n'en est
pas encore là.

Mais fallait-il, comme l'ont fait les bureaux de censure
et de police, traiter la librairie avec un suprême dédain? Ne valait-il pas mieux que le gouvernement, en
s'associant à d'honorables travaux, encourageât la librairie? Etait-il nécessaire de ressusciter contre elle
les décrets les plus contradictoires de toutes les législations françaises, jeunes et vieilles? Il était impossible
de ne pas reconnaître à ces marques oppression cal-
culée, préméditation d'un système hostile contre la
presse, quelle qu'elle fût.

Je dirai la même chose des jugemens en matière
électorale, des plaintes portées contre l'administration
des préfets. Cette matière était beaucoup trop grave,
beaucoup trop délicate ; elle touchait de trop près aux

droits des citoyens, pour qu'il fût permis d'enlever indistinctement, par voie de conflit, le plus grand nombre de ces causes aux jugemens des tribunaux. Imaginait-on que l'administration trouverait un asile dans l'infaillibilité des fonctionnaires devenus inattaquables par voie de justice? Cette protection, au lieu de les ennoblir, les déshonore, et les gouvenemens les plus absolus ne se la sont point permise. Partout, voire même chez les Ottomans, l'administré qui articule un grief contre son administrateur a libre recours auprès des tribunaux, dont l'action n'est jamais entravée. Un seul homme a jamais pu imaginer le contraire : c'est Bonaparte.

Le ministère Villèle a ignoré que soustraire à la justice un prêtre, un fonctionnaire, ce n'est pas le protéger. Ils ne demandent pour protection que la garantie de leurs droits religieux, de leurs droits administratifs. Les tribunaux veulent-ils porter sur ce terrain les prétentions parlementaires d'un autre temps? C'est là qu'il faut les repousser. Le clergé ne doit compte qu'à Dieu de l'accomplissement de sa mission : Dieu le châtie toutes les fois qu'il erre. L'administration ne doit de comptes qu'au gouvernement du Roi. Est-elle en faute? lui seul est responsable. Mais en tout débat entre particuliers, en toute cause criminelle, dès qu'il s'agit d'appliquer la loi, de châtier la lésion d'un citoyen, une offense d'ordre public ou privé; il n'est pas si grand personnage, fût-il prêtre, fût-il ministre, qui ne doive compte à la justice de son pays. Or, au moyen des conflits perpétuels, imaginés depuis Bonaparte et renforcés dans les derniers temps du ministère Villèle, entre la puissance administrative et la puissance judiciaire, plus d'un citoyen a été privé de son droit de recours ou entravé dans l'exercice de ce droit. On comprenait mal le genre de protection qu'il fallait accorder à l'administration. En transportant ainsi les causes particulières devant la justice du conseil d'état, on écoutait une aveugle irritation contre les citoyens et les tribunaux.

Sans doute des conflits peuvent exister : qui le nie ? Ils peuvent susciter de graves démêlés. La question est alors du ressort du gouvernement, et le pouvoir doit invoquer l'autorité mi-partie d'une cour de cassation et d'un conseil d'état. Je ne veux pas entrer ici dans tous les détails d'une discussion aussi importante, et sur laquelle les ouvrages de MM. Pichon et de Cormenin nous ont donné les documens les plus curieux à examiner, les argumens les plus sensés et les plus solides au fond, quand même nous ne tomberions pas d'accord avec eux sur l'application de plusieurs points.

On croit que M. de Montlosier a rendu la position de M. de Villèle difficile en face de ses accusateurs. On se trompe. Ce publiciste, qui voterait volontiers la mort de M. de Villèle, parce qu'il a respecté quant aux jésuites la liberté de conscience et la tolérance accordée par la Charte aux associations religieuses (comment pourrait-on, sans cela, maintenir la liberté des cultes, puisque le culte catholique sanctionne spécialement la vie monastique ?); M. de Montlosier, dis-je, a donné beau jeu au ministre. On pourrait à la rigueur se plaindre de l'intolérance manifestée envers les Piétistes d'Alsace, de l'expulsion du prince de Salm, et même de la chasse des Ligoristes ou de la persécution subie par telle affiliation de Quakers, de telles entraves opposées à la distribution de pamphlets protestans. Mais attaquer la tolérance fondée sur la Charte ! Que les passions sont aveugles ! Et qui n'égareraient-elles pas puisqu'elles ont exaspéré à ce point un homme d'un talent incontestable, qui a vu de près la révolution et qui en a subi les folies.

L'administration de M. de Villèle est accusée de toutes parts, non sans quelque fondement, d'avoir fait revivre des lois, des ordonnances empreintes d'odieux souvenirs, étrangères du moins au génie de l'époque. Il va, dit-on, chercher dans l'arsenal de l'arbitraire des armes pour frapper la liberté. Il va découvrir au fond des coutumes gothiques les pages qui lui sont nécessaires ; il ne néglige ni les lois ensanglantées de la Convention, ni les décrets imprégnés de la débauche du Directoire. Il se fait ouvrir les cartons de la police impériale. Il exhume tout le passé, les momies de l'ancien régime éteint, les cadavres tout palpitans encore de nos récentes discordes. M. de Montlosier, tout en accusant ainsi M. de Villèle avec les Débats, le Courrier, le Constitutionnel, fait chorus avec eux lorsqu'ils provoquent, en vertu des décrets des parlemens, de l'assemblée constituante, de la convention, de l'empire, toutes les lois répressives du culte catholique, des associations catholiques : faisant ainsi conjurer contre le catholicisme tout ce qu'inventèrent contre lui et le gallicanisme parlementaire, empreint de droit romain, de calvinisme, de jansénisme, et les disciples de la philosophie du dernier siècle, et les athées de la révolution. Cette double conspiration est singulière, et il faut avouer que la compensation est insuffisante. On oppose ainsi un fléau à un fléau, Erechtho à Erynnis, le Phlégéton contre le Styx.

POST-SCRIPTUM
QUI POURRAIT SERVIR DE PRÉFACE.

Aux Royalistes.

Le ministère Villèle n'était pas encore tombé quand j'écrivais une grande partie de cette brochure. Sa chute me semblait inévitable, et je croyais de mon devoir d'en indiquer les motifs, au milieu de ces clameurs des partis qui sur une foule de points exigent une révision scrupuleuse. J'ai parlé des hommes avec respect ; des choses avec sévérité. Un écrivain dont je ne partage pas l'enthousiasme pour la politique du siècle, politique qui me semble, non une grande amélioration, mais une grande nécessité des temps ; cet écrivain qui, par la fermeté et la droiture de sa raison, brise les entraves d'une coterie dont il s'est constitué le centre sous certains rapports : M. Guizot enfin, dont le génie est protestant dans le sens rationaliste et philanthropique des modernes ; homme de sens d'ailleurs et qui sait tracer un tableau intéressant et vigoureux des conditions de l'existence de la société actuelle, telles que sa doctrine les aperçoit : ce publiciste, dans un écrit récent, vient de frayer la route

d'une équitable appréciation des hommes du ministère. Déjà dans un article remarquable du Globe
(dont je suis loin de prendre la politique sous ma responsabilité), M. Jouffroy avait tenté un essai de même
genre. Tous deux ont pensé avec raison que de grosses
injures n'avançaient point la discussion réelle des
choses.

Royalistes de toutes les nuances, j'ai parlé franchement et sans réserve. La franchise honore l'homme :
sondez votre conscience; elle affermira votre cause
plus que toutes les considérations de parti et de coterie,
toutes les combinaisons, toutes les intrigues politiques
du monde. Devant vous est un avenir immense; c'est
une plaine dont l'horizon se perd à l'infini. Les temps
de la vieille patrie sont morts avec leurs coutumes si
profondément tracées, avec leurs mœurs et leurs idées
si fortement distinctes. Ce qui en reste (et ce sentiment
constitue votre privilège) , c'est l'amour du prince ,
amour qui fait encore partie de l'honneur chevaleresque , du dévouement antique , et que ne comprennent pas ces enfans de la raison , doctrinaires et libéraux qui occupent aujourd'hui le sol de votre patrie.
Pour eux le prince est le symbole d'une forme de
gouvernement qu'ils respectent , puisqu'ils se proclament défenseurs de la Charte , mais qu'ils ne sauraient
contempler avec les yeux des vieux Français ; car la
vieille France et ses mœurs ne sont plus. Vous qui en
conservez le souvenir , formez un faisceau , pressez-
vous autour du trône. Il faut bien que vous acceptiez
toutes les conditions des temps , hors desquelles il n'y

a point de réalité. Ne tentez pas une lutte contre les destinées inévitables de la société ; ne croyez pas y parvenir par une vaine reconstruction de la puissance aristocratique que vous avez perdue.

Il vous reste encore des privilèges et des devoirs. Si vous avez vu s'évanouir à jamais l'aristocratie féodale, celle des grandes existences monarchiques , avec leur clientelle loyale et leur généreux patronage : la tribune , la presse , sont encore à vous. Il vous reste à maintenir , à renouveler , à conquérir et agrandir l'aristocratie des principes , étayée de l'aristocratie des talens , au moyen des fonctions publiques , par une refonte de ce mauvais héritage de l'instruction publique que le passé nous a légué. Que vos vues soient hautes et larges. Défendez l'autel par la tolérance , repoussez la licence par la liberté ; empêchez les envahissemens mutuels des pouvoirs sociaux. En tout, prenez le parti de la justice et de la publicité toute-puissante.

Vous entrerez dans une lice formidable. Il n'est plus question de défendre nos anciennes institutions contre la rage des niveleurs , ni de conspirer contre l'Empire, ni d'attaquer la démocratie par la monarchie absolue avec les institutions du bonapartisme, ni de la combattre avec une sorte d'aristocratie calquée sur celle d'Angleterre. Il faut prendre rang dans cette démocratie , la purger de ses mauvaises habitudes de révolution , étouffer en elle le germe de la licence. Soyez plus vraiment tolérans , plus franchement amis de la publicité, plus ennemis de l'injustice, plus fermes

appuis de l'égalité, que ces hommes qui, volontairement ou à leur insu, conspirent la ruine du catholicisme, celle de l'indépendance des opinions, la pleine
et entière licence de leurs systèmes favoris, l'expulsion des associations consacrées à la vie religieuse,
quand même elles respecteraient tous les droits publics
et privés, enfin l'ilotisme de tous ceux qui ne parta-
gent pas leurs haines et leurs préjugés.

Ils exaltent l'industrialisme; il n'y a que la production, disent-ils : après elle rien. Prouvez-leur par des
exemples, que des hommes placés dans des positions
hautes et généreuses maintiennent bien mieux la liberté politique. Sachez respecter en tout homme, depuis le dernier degré de l'échelle sociale jusqu'aux
marches du trône, votre frère, l'image de la Divinité
créatrice. Tel est le privilège de la libre Angleterre,
qu'un simple artisan y jouit de la même indépendance
que le premier lord de la trésorerie ou le premier
prince du sang. Qu'il en soit de même en France. Sachez rehausser, ennoblir, dans tous les rangs, dans
tous les états, la dignité humaine. Vous lutterez alors
avec avantage contre un industrialisme envahisseur,
qui n'a qu'un mépris brutal pour tout ce qui n'est pas
lui, et se vante hautement de réduire le siècle au
positif.

Il est ici question d'un grand combat, non entre le
libéralisme et le royalisme (c'est la querelle du passé :
gardez-vous de stériles et impuissantes réclamations
sur le trône et l'autel ; gardez-vous de vous perdre dans
vos souvenirs !), mais d'une longue, opiniâtre, terrible

lutte entre l'esprit de la réforme devenue philosophique , et l'esprit immuable du catholicisme qui ,
bien compris , embrasse le ciel et la terre , et ne le
cède point à son adversaire, pour la promptitude ni
l'étendue. Il a de plus que lui l'*unité* qui manque à la
doctrine du jour ; son universalité est plus vaste , plus
riche en conséquences. Seuls, debout sur les ruines du
passé, ces deux esprits vont peupler de leurs querelles
tout l'univers.

Oui, le parti des idées modernes, sciemment ou à
son insu, tend vers la ruine des idées éternelles. Il
nous parle d'un christianisme vieilli dans ses formes ,
d'un christianisme progressif, d'un renouvellement du
monde moral sur d'autres bases, de l'élévation du trône
de la raison humaine, construit sur les débris de la
sagesse divine. Pour les plus polis , la religion n'est
qu'une forme ; pour les plus grossiers c'est une supers-
tition ; depuis long-temps ils l'ont décidé. Découvrons
à ce parti la profondeur , l'immensité de son erreur.

La presse catholique doit employer non la persécution et l'injure, mais la tolérance et la raison contre
cet esprit du temps. Qu'elle sache, en respectant l'autorité d'autrui, conserver la sienne. Plus de com-
plaintes sur les faits accomplis ; plus de colères et d'injures. Pureté, science, raison et force. Qu'elle devance
toutes les questions d'instruction publique : et ses
adversaires seront forcés de changer leur plan d'attaque. En France, en Europe même, il y a évidemment
quelque défaveur contre la presse catholique , restée
au-dessous de sa tâche. Cependant que de grands ta-

lens catholiques apparaissent : force est de reconnaître leur influence. En France, MM. de Bonald, de Lamennais, de Maistre, malgré la défaveur attachée aux doctrines d'absolutisme politique et l'intolérance dont ils n'ont pu s'affranchir entièrement : en Allemagne le comte Frédéric de Stollberg, Frédéric de Schlegel, Windishmann, Goerres, Bader, ont partout forcé, emporté les retranchemens de la réforme. Mais la masse catholique n'est pas entrée encore dans le mouvement de ses chefs. On entend encore ses organes manifester l'esprit de coterie, d'intrigue, d'injures, de lâcheté, d'oppression, de sottises.

La tribune des chambres a un devoir à remplir, c'est de s'opposer à toute tentative d'église prétendue nationale. On ne la met en avant que pour scinder le catholicisme et le protestantiser au nom du gallicanisme et du jansénisme de la magistrature. Sa puissance est l'unité; fractionnez-le, ce n'est plus que cendres.

Du reste, et quant au mouvement administratif des affaires, élargir la base de l'institution des préfets, les choisir parmi les hommes éprouvés : en faire plus que de simples machines électives, plus que de simples commis ministériels : ne pas faire dépendre cette institution d'une bureaucratie surchargée, mais élever surtout sa dignité morale : voilà un des premiers besoins d'un pays où tout flotte jusqu'ici privé de direction, dans le vague incertain des doctrines ministérielles ou anti-ministérielles. Que le journalisme soit combattu, mais que sur la ruine du monopole les journaux puissent servir de stage. aux jeunes talens politiques, qui de cette manière grandiraient sous les yeux de la nation et du gouvernement. Quant à la politique étrangère, qu'elle se développe avant tout dans le sens de l'avenir, avec la prudence et la circonspection indispensables.

Royalistes, tels sont les vœux d'un ami sincère ; son attachement mérite votre amitié, sa franchise votre estime.

FIN.